Eva Grigori, Monika Vyslouzil (Hg.)

34 Begegnungen

Sozialpädagogik

Band 29

LIT

Eva Grigori, Monika Vyslouzil (Hg.)

34 Begegnungen

KlientInnen berichten von ihren Erfahrungen mit Sozialer Arbeit

LIT

Umschlagbild: Gestaltung: Anika Werkner

Ilse Arlt Institut
für Soziale Inklusionsforschung
Ilse Arlt Institute on Social Inclusion Research

fh st. pölten

Bibliografische Information der Deutschen Nationalbibliothek
Die Deutsche Nationalbibliothek verzeichnet diese Publikation in der Deutschen Nationalbibliografie; detaillierte bibliografische Daten sind im Internet über http://dnb.d-nb.de abrufbar.

ISBN 978-3-643-50845-4 (br.)
ISBN 978-3-643-65845-6 (PDF)

Wien 2018
Garnisongasse 1/19
A-1090 Wien
Tel. +43 (0) 1-409 56 61 Fax +43 (0) 1-409 56 97
E-Mail: wien@lit-verlag.at http://www.lit-verlag.at

Auslieferung:
Deutschland: LIT Verlag, Fresnostr. 2, D-48159 Münster
Tel. +49 (0) 2 51-620 32 22, E-Mail: vertrieb@lit-verlag.de

E-Books sind erhältlich unter www.litwebshop.de

VORWORT DER HERAUSGEBERINNEN

Mit dem Sammelband „30 Tage Sozialarbeit: Berichte aus der Praxis“ legten Monika Vyslouzil und Peter Pantuček-Eisenbacher 2015 eine Publikation vor, die sich der Profession von der praktisch-erfahrenden Seite zuwendet: ProfessionistInnen verschiedener Praxisfelder schildern dort in leicht lesbaren Essays die Rahmenbedingungen, Herausforderungen und Erfolge ihres beruflichen Alltags. Der Band bietet Studierenden, Fachkräften, aber auch allen, die Soziale Arbeit kennenlernen wollen, einen unterhaltsamen, faktenbasierten Einblick in den beruflichen Alltag. Mit Erscheinen des Bandes war zugleich auch klar: Die Erzählungen bilden nur die halbe Realität ab. Wie nehmen jene Menschen die Profession wahr, die mit ihr freiwillig oder verpflichtet als „KlientInnen“ in Kontakt sind? Welche Erfahrungen, Geschichten und Bilder verbinden sie mit SozialarbeiterInnen? Was erleben sie als hilfreich, amüsant, belastend?

Im Rahmen eines Bachelorprojekts des Studiengangs Soziale Arbeit, das gemeinsam von Monika Vyslouzil und Eva Grigori 2016/2017 durchgeführt wurde, führten elf Studierende in ihrem letzten Studienjahr je drei Interviews mit aktuellen oder ehemaligen KlientInnen über ihre Erfahrungen mit Sozialer Arbeit. Diese Gespräche sind Grundlage der Erzählungen des vorliegenden Bandes, die somit eine Variante der „literary (creative nonfiction) docu-memoir“ darstellen.

Die Selbstbefassung Sozialer Arbeit mit der eigenen Berufspraxis gehört sowohl zu dieser selbst als auch zum Standardrepertoire sozialarbeitswissenschaftlicher Forschung. Der Status als Fachkraft läuft immer wieder Gefahr, das Monopol auf das Wissen zu verteidigen, was für andere „das Beste“ ist – auch in forschender Instanz. So haben die Studierenden das Interviewmaterial auch für ihre Bachelorarbeiten genützt und für die Praxis relevante Aspekte näher betrachtet. Sie befassen sich damit, welche Schlüsse sich für die Berufspraxis, Ausbildung und Selbstwahrnehmung Sozialer Arbeit ziehen lassen. Gut gelungene Arbeiten sind unter dem AutorInnennamen in der Bibliothek der FH St. Pölten zu finden. Einblick in das breite Themenspektrum bieten die Kurzvorstellungen der AutorInnen mitsamt Abstracts der Bachelorarbeiten zum Abschluss dieses Buches.

Wie erleben KlientInnen Soziale Arbeit? Wie lässt sich dieses Erleben erfassen und in Formen bringen, die nicht nur der Profession einen reflexiven Mehrwert bringen, sondern ebenso Verständnis für die Funktionsweisen Sozialer Arbeit bei Menschen erzeugen, die mit dieser nicht in Kontakt stehen?

Die AutorInnen haben um eine respektvolle und dennoch gut lesbare und lebendige Formulierung der Texte gerungen und sie gemeinsam mit den befragten KlientInnen erarbeitet, indem die damals noch Studierenden Erzählungen entlang der Interviewtranskripte verfassten und mit den GesprächspartnerInnen besprachen. Eine der Geschichten wurde von einer Teilnehmerin des KlientInnenbeirats der Fachhochschule St. Pölten selbstständig verfasst. Der KlientInnenbeirat hat zum Ziel, die Erfahrungen und Expertise von Personen in die Hochschullehre einfließen zu lassen, die in der Rolle „KlientIn" mit Sozialer Arbeit zu tun haben.

Die Strukturierung der vorliegenden Texte gestaltete sich insofern nicht ganz einfach, weil der KlientInnenkontakt zwar über eine bestimmte Einrichtung zustande kam, die GesprächspartnerInnen aber vielfach mit SozialarbeiterInnen unterschiedlicher Handlungsfelder in Berührung kamen. Gewählt wurde in der Zuordnung der jeweils aktuellste oder als am einflussreichsten geschilderte Kontakt. Orientiert haben wir uns an den sieben vom Österreichischen Berufsverband der Sozialen Arbeit (obds) beschriebenen Handlungsfeldern, die jeweils zum Kapitelbeginn kurz erläutert werden. Was sie ganz praktisch für Menschen bedeuten, die mit ihnen in Berührung kommen, hoffen wir in den Geschichten nahe bringen zu können.

Wir wünschen uns, dass die LeserInnen nun auch aus der KlientInnensicht einen Eindruck über die Vielfalt der sozialarbeiterischen Praxis bekommen und was für Menschen in der Zusammenarbeit mit Sozialer Arbeit hilfreich war, aber auch wo sie sich eine andere Form der Unterstützung bzw. des Umgangs gewünscht hätten.

Unser Dank gilt vor allem aber den AutorInnen, die sich mit uns gemeinsam auf dieses intensive Projekt eingelassen haben: Johanna Gabriel, Regina Hanke-Zingerle, Kathrin Harreither, Markus Köllner, Anna Pohl, Nikola Poljak, Helene Punz, Sabrina Richter, Marie Therese Sramek, Sarah Weninger und Julia Wetzel. Wir hatten den Eindruck, dass es für ihren Abschied von der Hochschule und den Schritt in die Praxis ein prägendes Projekt war. Zumindest uns hat es ermutigt, kooperative und kreative Wege der Forschung weiter zu fördern und zu beschreiten. Auf der anderen Seite möchten wir allen GesprächspartnerInnen sowie allen Fachkräften und FreundInnen, die uns zu ihnen Kontakt ermöglicht haben, besonders danken. Sie haben uns Einblicke in Ihre Lebensgeschichten ermöglicht, ohne die dieses Buch niemals zustande hätte kommen können. Nicht zuletzt seien der wache Blick der Studienassistentin des Ilse Arlt Instituts für Inklusionsforschung, Theresa Schiefer, beim Lesen der Druckfahnen und das konstruktive Feedback des Teams Department Soziales bei der Titelfindung erwähnt, die dieses Buch so ermöglichten.

Viel Freude beim Lesen wünschen

Monika Vyslouzil und Eva Grigori,
St. Pölten im Oktober 2017

VORWORT DER AUTORINNEN

In diesem Buch finden sich 34 Kurzgeschichten, in welchen KlientInnen von verschiedenen Organisationen über ihre Erfahrungen und Erlebnisse mit SozialarbeiterInnen berichten. Die Ausgangssituation dieses Buches war zunächst ein Bachelorprojekt im Rahmen des Studiums für Soziale Arbeit an der Fachhochschule St. Pölten. Zu Beginn des Prozesses wurden Interviews mit KlientInnen Sozialer Arbeit geführt und aus diesen Erzählungen wurden von uns Studierenden Geschichten verfasst. Die GesprächspartnerInnen hatten eine aktive Rolle in diesem Prozess. Die von uns verfassten Geschichten aus den Interviews wurden in Rücksprache mit den GesprächspartnerInnen gemeinsam überarbeitet. Dies war sowohl für uns Studierende als auch für unsere InterviewpartnerInnen nicht immer leicht, aber eine wertvolle Erfahrung. Uns war wichtig, dass die entstandenen Geschichten ihre Geschichten sind.

Die Erzählungen sollen zugänglich für alle Menschen sein, um einen Einblick in die Situation von KlientInnen Sozialer Arbeit zu gewinnen. Das Buch gibt jenen Personen eine Stimme, die im Zentrum der Beratung Sozialer Arbeit stehen und ihre Angebote nutzen.

Dieses Buch ist unseres Wissens nach einzigartig. Wir fragen uns warum und wollen hiermit einen Beitrag leisten, um die KlientInnen-Perspektive ins Zentrum zu stellen.

Für wen ist dieses Buch interessant?

Prinzipiell soll es den Blick aller Menschen, die es lesen, erweitern und dabei helfen, einige Situationen und Grundüberzeugungen neu zu bedenken. Wir möchten einige konkrete Beispiele geben, an welche LeserInnen wir gedacht haben:

- NutzerInnen Sozialer Arbeit, die sich dafür interessieren, wie es anderen Personen in ähnlichen Situationen ergangen ist.

- Studierende, die während des Studiums viel über Techniken und Theorien lernen. Jedoch ist es wichtig sich parallel dazu immer wieder die Ansichten der KlientInnen bewusst anzuhören und ernst zu nehmen.

- AbsolventInnen, die frisch in die Praxis eintauchen. In diesem Buch können sie erfahren, dass die Aufmerksamkeit nicht auf sie selbst, sondern auf das Gegenüber gelegt wird.

- Angehörige von NutzerInnen und SozialarbeiterInnen, um zu erfahren in welchen Situationen Soziale Arbeit in Anspruch genommen wird und um Verständnis für komplexe biografische Situationen und Lebenslagen zu schaffen.

- Lehrende Personen, die dieses Buch nutzen können, um Theorie und Praxis weiterhin verknüpft unterrichten zu können.

- Langjährige PraktikerInnen, um einen Anreiz zu geben, die eigene Arbeitsweise zu reflektieren, da im Buch unterstützend und nicht unterstützend empfundene Prozesse beschrieben werden. Ebenso auch um zu sehen, wie andere PraktikerInnen arbeiten. Das Buch kann SozialarbeiterInnen helfen, nicht „fachblind" zu werden und eigene Bilder zu überdenken bzw. reflektiert zu arbeiten. Schließlich sind KlientInnen die ExpertInnen ihrer Lebenssituation.

Für uns Studierende war der Prozess des Verfassens der einzelnen Kurzgeschichten lehrreich und in manchen Fällen auch emotional. Wir wissen zu schätzen, dass uns Menschen einen Einblick in einen Teil ihres Lebens gewährt haben und uns ihr Vertrauen geschenkt haben.

Wir bedanken uns bei jenen SozialarbeiterInnen, die uns dabei unterstützt haben GesprächspartnerInnen zu finden.

Großer Dank gilt unseren GesprächspartnerInnen, die uns ihre persönlichen Geschichten erzählt haben.

Johanna Gabriel, Regina Hanke-Zingerle, Kathrin Harreither, Markus Köllner, Anna Pohl, Nikola Poljak, Helene Punz, Sabrina Richter, Marie Theres Sramek, Sarah Weninger, Melanie Wetzel

Wien, im November 2017

INHALT

KINDER, JUGEND UND FAMILIE 13
Die Sozialarbeits-Studentin 15
Nicht gesehen und nicht gehört werden 21
Der Tischtennis-Champion 25
Ich war das schwarze Schaf der Familie 31
Man wächst dazu 35
The Escape 39
Kehrtwende auf halber Strecke 41
Ein Tag in meiner WG 45
Konsequenz und eine unheimliche Liebe zu Menschen 47
Da müssen wir jetzt durch 53
Was ist normal, was ist extrem? 61
Ich würde auf jeden Fall wieder hingehen 67
Als Kind im Frauenhaus 69
Wie Schulsozialarbeit Antonios Leben veränderte 75
ALTE MENSCHEN 79
Geschichte aus dem Altenheim 81
MATERIELLE GRUNDSICHERUNG 85
Als Arbeiterin beim Sozialamt 87
Eine Mutter, die kämpfte wie eine Löwin 93
Die Last auf den Schultern 97
Engel auf Erden 101
Ich find das einfach so ungerecht 105
Gott na, ich habe nicht geglaubt, dass ich das schaffe 109
A Wohnung mecht i wieder 113

GESUNDHEIT ... 115
Ich habe mir mein Leben anders vorgestellt ... 117
Das hilft, man fühlt sich nicht allein ... 121
Ich schätze besonders die Partnerschaftlichkeit ... 125
Ein Weihnachtsgeschenk ... 129
Brief an meine Vergangenheit ... 135
Meine Gebete lagen falsch ... 139
Der Freizeitclub ... 141
STRAFFÄLLIGKEIT ... 145
Denkt nicht, wir seien extrem hilfsbedürftig ... 147
BERUF UND BILDUNG ... 151
Immer ein offenes Ohr ... 153
Orientierung finden ... 157
MIGRATION UND INTEGRATION ... 161
Aus Angst war ich gezwungen zu schweigen ... 163
Angekommen ... 165
AUTORINNEN ... 169
HERAUSGEBERINNEN ... 175

KINDER, JUGEND UND FAMILIE

Das Handlungsfeld „Kinder, Jugend und Familie“ ist der größte und vielfältigste Bereich, den Soziale Arbeit bieten kann. Hier findet behördliche Sozialarbeit ebenso wie niederschwellige Freizeitbetreuung statt. Unterstützt werden Einzelpersonen, Gruppen, Familien oder auch ganze Sprengel bzw. Sozialräume. Eltern, werdende Eltern, Kinder und Jugendliche werden beraten und begleitet – weil sie selbstständig Hilfe suchen oder weil Soziale Arbeit von anderen eingeschaltet wurde. Mit 14 Geschichten tragen wir nun vielleicht ein wenig dazu bei, Einblick in diese Vielfalt zu gewähren: Ob mobile Jugendarbeit, Unterbringung in Wohngemeinschaften, Schwangerenberatung oder behördliche Kinder- und Jugendhilfe – überall hier haben unsere GesprächspartnerInnen Soziale Arbeit kennengelernt und lassen uns an Ihren Erfahrungen teilhaben.

Die Sozialarbeits-Studentin

Sabrina Richter

Es war kurz vor Weihnachten. Ich war mit den öffentlichen Verkehrsmitteln unterwegs und staunte darüber, dass in der Stadt dicke Flocken vom Himmel taumelten. Normalerweise war um diese Jahreszeit mit Schnee nicht zu rechnen. Schon gar nicht in der Großstadt. Ich war aufgeregt. Wie immer, wenn ich kurz davor war, eine mir völlig unbekannte Person zu treffen und zu interviewen. Noch einmal versuchte ich gedanklich den Interviewverlauf abzuspielen. Ich freute mich schon sehr auf das Gespräch. An diesem Tag würde mir eine Frau ihre persönliche Geschichte mit Sozialer Arbeit erzählen. Das Besondere daran war, dass sie selbst gerade dabei war, Sozialarbeiterin zu werden.

Ich hatte unseren Treffpunkt erreicht und warf einen Blick auf mein Handy. Ich hatte eine Nachricht erhalten, dass meine Interviewpartnerin bereits da sei. Schnell tippte ich ein, dass ich an einer braunen Jacke und einem rosa Schal zu erkennen sei. Eine junge Frau kam auf mich zu. Burschikos, mit einem sanften Ausdruck in den Augen und einem freundlichen Lächeln. Ich ging auf sie zu, gab ihr meine Hand und stellte mich vor. Langsam legte sich die Nervosität und Ruhe kehrte in mir ein. Nach kurzem Überlegen, wo wir uns am besten unterhalten könnten, kehrten wir in ein nahe gelegenes Lokal ein. Zu Beginn waren nur Hocker an der Bar frei und wir mussten mit diesen Plätzen vorlieb nehmen. Beide bestellten wir ein Soda Zitrone. Um das Eis zu brechen, plauderten wir ein wenig über das Studium. Als ein Tisch frei wurde, ergriffen wir die Chance und wechselten unseren Sitzplatz. Im Lokal war das Licht dämmrig, so dass wir das Gefühl hatten, ungestört zu sein. Nun war der richtige Zeitpunkt gekommen und wir starteten das Interview. Ich fragte Valentina, wie sie Soziale Arbeit als Klientin wahrgenommen hatte und ob sie mir von einem bestimmten Erlebnis erzählen wolle.

Die junge Frau erzählte mir zwei sehr unterschiedliche Geschichten. Die eine zeichnet sich durch Professionalität, Menschlichkeit und Kompetenz aus. Die andere Geschichte zeigt die dunklen Seiten Sozialer Arbeit auf. Beide könnten nicht konträrer sein. Jedoch machen diese beiden Erlebnisse diese unglaublich starke Frau aus, die ich kennen lernen durfte.

Valentina war 14 Jahre alt, als sie aufgrund einer ausgefallenen Schulstunde die Möglichkeit hatte, von ihren Eltern unbemerkt, gemeinsam mit FreundInnen ein nahegelegenes Jugendzentrum aufzusuchen. Hier traf sie das erste Mal erwachsene Menschen an, die auf einer Ebene mit ihr kommunizierten. Die ihr nicht das Gefühl gaben, dass sie über ihr stehen und ihr keine Angst machten. Sie traf dort auf SozialarbeiterInnen, die sie respektierten, ihr das Gefühl gaben, dass sie sich gerne mit ihr unterhielten. Valentina war das zuvor nicht gewohnt gewesen, weder von ihren Eltern, noch vom Lehrpersonal aus der Schule. Denn Valentina wuchs in einer konservativen Familie auf. Ihr Vater war einerseits sehr religiös und andererseits aggressiv gegenüber seinen Kindern. Zu Beginn war Valentina nicht klar, was eigentlich hinter diesem Jugendzentrum steckte, da sie Soziale Arbeit nicht kannte. Es war einfach cool, sich dort mit ihrer Clique aufzuhalten. Man durfte rauchen und den Computer benutzen und wurde von den Erwachsenen in Ruhe gelassen, wenn man das wollte.

Sie war zum dritten Mal dort, als sie erleben durfte, was Soziale Arbeit alles kann. Die Male zuvor hielt sie sich immer zurück und ging zu den SozialarbeiterInnen auf Distanz. „Ich war als Jugendliche überhaupt ein sehr distanzierter Mensch, hab mich schwer auf Situationen eingelassen, und es war auch ziemlich schwer auf mich zu zu gehen," erklärte sie mir. Doch an diesem Tag war alles anders. Es war gerade etwas Schreckliches geschehen, so schrecklich, dass sie mir gar nicht im Detail davon berichten wollte. Valentina sagte, sie sei an diesem Tag kurz davor gewesen, emotional und nervlich zusammen zu brechen. Eine Sozialarbeiterin rief die Leitung, Marlena, zur Unterstützung. Und obwohl Marlena Valentina nicht kannte und sie damals auch absolut nicht verstanden hatte, wie die Jugendarbeiterin das gemacht hatte, schaffte es Marlena innerhalb kürzester Zeit, Valentina zu beruhigen und ihr das Gefühl zu geben, dass alles wieder gut würde. Obwohl Valentina zuerst innerlich blockieren wollte, war es der Sozialarbeiterin möglich, sie innerhalb von 15 Minuten zu besänftigen. „Ich kann mich erinnern, dass ich mich in dem Moment gefragt habe: ‚Wie hat sie das jetzt gemacht?'" Valentina nahm einen Schluck von ihrem Getränk und ich blickte sie erwartungsvoll an, denn auch ich war nun gespannt, was damals passiert war. Meine Gesprächspartnerin fuhr fort und erzählte, dass sie damals zusammen eine Wand auf ein Blatt Papier gezeichnet hatten. Valentina sollte sich aussuchen, woraus diese Wand bestand und wie sie dekoriert war. Denn Marlena merkte, dass Valentina eine unsichtbare Mauer vor sich aufzog, damit ihre Emotionen nicht durchkamen. „Und da hat sie eben gemeint: ‚Wenn du die Wand ständig vor dir hast, dann sollte sie zumindest schön ausschauen und du sollst dich nicht so schlecht dabei fühlen, wenn du die hochziehst.'"

Die SozialarbeiterInnen des Jugendzentrums wurden eine wichtige Stütze in Valentinas Leben. Auf eine besondere Art und Weise war es nicht nur ein Jugendzentrum, sondern bot Valentina auch eine Ersatz-Familie, obwohl es ihr nicht immer leicht fiel, die Hilfe der SozialarbeiterInnen anzunehmen, die sie von ihrem vierzehnten Lebensjahr bis zur Matura begleiteten. Eine besonders große Rolle spielten sie, als Valentina sich dazu entschloss, von ihrer Familie weg zu gehen. Durch die Kinder- und Jugendhilfe wurde sie in einer Wohngemeinschaft untergebracht. Valentina hatte mir nicht viele Details über ihr Familienleben erzählt, aber wenn der Staat die Obsorge übernommen hatte, muss es schon sehr schlimm gewesen sein, dachte ich in dem Moment. Obwohl Valentina erläuterte, dass sie froh gewesen sei, von ihrer Familie los zu kommen, sei der Aufenthalt im Heim von schwierigen Zeiten geprägt gewesen. Und nun begann sie, mir von ihrer zweiten großen Erfahrung mit Sozialer Arbeit zu berichten, die ein völlig anderes Bild zeichnet.

Valentina erzählte von einem Team, das aus zwölf Sozialarbeiterinnen bestand, wovon nur eine ihr das Gefühl gab, in der WG zu Hause zu sein. Es gab Verbote, die für Valentina nicht nachvollziehbar, ja sogar teilweise unmenschlich waren. Besonders die Leitung der WG war in Valentinas Augen fehl am Platz. Sie berichtete mir von dem Gefühl, dass Anja, die Leitungsperson, ihre Machtposition ausnutzte. Es kam immer wieder vor, dass sie einzelne Kinder und Jugendliche in ihr Büro orderte, um sie dort einfach anzuschreien. Manchmal entschied sie völlig willkürlich, dass dieser und jene heute kein Taschengeld bekommen würde. In Valentinas Fall war es besonders schwer, da sie den Eindruck hatte, von Anja schlichtweg nicht gemocht und daher ständig grundlos bestraft zu werden.

Valentina erzählte mir von zwei Ereignissen, die in mir großes Unverständnis hervorriefen und mich lange beschäftigten: An einem Abend kam Valentina zu spät in die WG zurück. „Zu spät kommen" bedeutete, dass man nicht mehr hineingelassen wurde. Es war Winter und es war kalt. Es fiel ihr schwer zu verstehen, weshalb so gehandelt wurde. Natürlich war ihr klar, dass sie gegen die Regeln verstoßen hatte. Aber im Winter, bei Eiseskälte vor der Türe stehen gelassen zu werden? „Ich mein, wo soll man dann hingehen? Also ich weiß nicht, einen jungen Menschen, der eh schon alles verloren hat, sonst wär er ja nicht in so einer Situation, ausschließen, das ist arg." Sie ließ offen, wie es in dieser Winternacht weiterging und berichtet von einem anderen Vorfall, bei dem sie aus der WG ausgeschlossen wurde. Der Grund war, dass ein anderes Mädchen das Restgeld vom Schuhkauf nicht zurück brachte. Die Leitung warf Valentina vor, die Drahtzieherin zu sein. Anja hatte keinerlei Beweise, hatte sich lediglich auf ihr Bauchgefühl berufen. Valentina wurde ins Büro beordert, in dem noch drei weitere Sozialarbeiterinnen anwesend waren. Sie wurde angeschrien, sie solle zugeben, dass sie dahinter stecke. Doch Valentina blieb dabei. Sie hatte mit der ganzen Sache nichts zu tun. Anja wurde es plötzlich zu viel, sie befahl Valentina das Büro zu verlassen. Als das Mädchen hinter sich die Türe schließen wollte, wurde ihr mitgeteilt, dass sie den Bogen überspannt habe und sie entweder die WG für diese Nacht verlassen müsse oder von der Polizei in eine Krisenintensivgruppe gebracht werde. Valentina war verzweifelt, fühlte sich unverstanden und ungerecht behandelt. Doch ihr blieb nichts anders übrig als die WG zu verlassen. Von der Polizei abgeholt und in die Krisenintensivgruppe gebracht zu werden war eine zu schreckliche Vorstellung. In der Krisenintensivgruppe musste man sich nackt ausziehen, da man auf Drogenbesitz durchsucht wurde. Für die 16-jährige Valentina war das keine Option. Daher verließ sie sofort die WG. Sie verstand die Welt nicht mehr. Sie hatte doch nichts getan. Sie hatte mit dem Ganzen nichts zu tun. Trotzdem wurde sie bestraft. Valentina war am Boden zerstört. Sofort fiel ihr ein, dass sie am nächsten Tag in der Schule eine wichtige Prüfung hatte. Doch zu dieser Prüfung konnte sie somit nicht gehen. Viele Fragen beschäftigten sie. Antworten gab es darauf keine. Sie packte ein paar Sachen zusammen und verließ das Haus. Später wurde ihr telefonisch mitgeteilt, dass sie sich am nächsten Tag um 15:00 Uhr vor der WG einzufinden habe. Als sie pünktlich vor der Türe stand – es war furchtbar kalt, denn es war Winter und Valentina trug lediglich einen Pullover – ließ die Betreuerin Eva sie nicht hinein: „Ich finde das nicht okay, wie es gerade läuft, und es tut mir leid, aber ich darf dir nicht aufmachen, bevor die Chefin nicht da ist." Sie müsse draußen warten, bis die Leitung komme. Valentina wartete und wartete. Sie verstand die Welt nicht mehr. Weshalb ließ Eva sie im Stich? Ihr war kalt, sie wollte schlafen, sie wollte doch einfach nur hinein … Einerseits konnte sie nachvollziehen, weshalb Eva so handelte, da es ihre Anweisung war. Andererseits war es in Valentinas Augen unmenschlich. Erst um 19:00 Uhr traf Anja, die Leitung, ein. Vier Stunden lang hatte das Mädchen in der bitteren Kälte ausgeharrt.

Anja wollte von Valentina wissen, ob sie verstanden habe, weshalb sie verwiesen worden war. Sie antwortete mit einem klaren „Nein". Daraufhin meinte die Leitung, dass sie, wenn sie ihren Fehler nicht einsehe, für weitere drei Tage die WG verlassen müsse. Wenn Valentina aber „ja" sage und somit verstehe, weshalb sie verwiesen wurde, dürfe sie ihr Zimmer wieder beziehen. „‚Wenn du nein sagst, dann machen wir das so lange, bis du nicht mehr kannst. Weil ich gewinne', hat sie gesagt. Also hab ich ‚ja' gesagt und bin in mein Zimmer gegangen. Weil, was soll man denn sonst machen." Valentina kam das wie ein Machtspiel vor und sie wusste, sie würde dabei den Kürzeren ziehen.

Valentina verstand nicht, weshalb ein Mensch, der schon so vieles verloren hatte, von den Sozialarbeiterinnen der WG dermaßen fertig gemacht wurde. Immer wieder wurde sie entmutigt. Sie solle doch die Schule hinschmeißen, da sie es sowieso nicht schaffe. Sie wurde als Junkie beschimpft, ihr wurde ins Gesicht gesagt, dass ihr sowieso niemals jemand glauben werde, weil sie „nur ein Heimkind" sei. Und sie wusste, dass das stimmte. Und obwohl ihr von einem Bekannten angeboten wurde, gemeinsam gegen die Sache vorzugehen, war ihr klar, dass das Wort eines „Heimkindes" gegen das einer Leitungsperson stand. Sie wusste, dieser Kampf war nicht zu gewinnen.

Für die SozialarbeiterInnen im Jugendzentrum war es schwer, Valentinas Geschichten aus der WG zu glauben. Valentina war klar, dass es schwer vorstellbar war. Jedoch nahm Marlena sie ernst und unterstützte sie. Von nun an wollte sie bei den Besprechungen in der WG, die Valentina betrafen, dabei sein. Ebenso hatte Marlena die Schuldirektorin und den Klassenlehrer miteinbezogen. Bei allen Entscheidungen, welche von der WG getroffen wurde, war Marlena nun involviert. Valentina war sehr froh darüber, da sie zuvor das Gefühl hatte, alles werde über ihren Kopf hinweg entschieden. Niemand fragte sie, was sie eigentlich wolle. Marlena jedoch war anders. Sie ergriff Partei für sie. Später erfuhr Valentina, dass Marlena eine anonyme Anzeige gegen die WG erstattet hatte. „Also Marlena hat sich schon ziemlich reingehängt. Man kann halt nicht viel ändern, aber ich glaub sie hat gemacht, was sie konnte. Dafür bin ich ihr immer noch super dankbar!"

Auch heute hat Valentina oftmals mit ihrer WG-Vergangenheit zu kämpfen. Sie denkt, der Grund, weshalb Anja sie nicht mochte, sei ihre ruhige Art gewesen. Valentina war bereits als Jugendliche sehr bedacht und zeigte keine Aggressionen. Die leitende Sozialarbeiterin teilte ihr das auch mit. Sie wollte Valentina wütend und aggressiv sehen, damit sie einen Grund hatte, sie aus der WG zu schmeißen. Aber Valentina war einfach nicht so.

Und obwohl die Zeit in der WG nicht einfach war, glaubt sie immer noch, dass es die richtige Entscheidung war, aus ihrer Familie „auszubrechen". Denn eines bot der Aufenthalt in der WG, was in einem Leben mit der Herkunftsfamilie nicht möglich gewesen wäre: Den zuverlässigen Zugang zum Jugendzentrum. Valentina wurde von ihrem Vater kontrolliert und hätte somit kaum Möglichkeiten gehabt, das Jugendzentrum aufzusuchen. Sie riskierte das eine, um das andere zu bekommen, damit sie der Mensch werden konnte, der sie werden wollte. Ein Mensch, der für seine jüngeren Geschwister da sein konnte. Unter den Bedingungen der Herkunftsfamilie wäre ihr das nicht möglich gewesen.

Nun studiert Valentina, so wie ich, Soziale Arbeit. Sie sagte zu mir, sie wolle ihre gesammelten Erfahrungen positiv in ihrem Berufsleben einbringen. Ob sie die emotionale Distanz wahren könnte, wenn sie in einer WG als Sozialarbeiterin tätig sei, wisse sie derzeit noch nicht. Der Gedanke in diesem Handlungsfeld tätig zu sein, reize sie dennoch. Wenn dieser Fall eintreten würde, wäre es ihr ein großes Anliegen, die Zusammenarbeit mit den Kindern und Jugendlichen so menschlich wie möglich zu gestalten. Aber auch die gute Zusammenarbeit unter KollegInnen sei ihr ein großes Anliegen. Als Vorbild nannte sie die JugendarbeiterInnen, bei denen sie nun ein Praktikum machen durfte: „Das ist einfach ein sehr bewusstes miteinander Arbeiten. Es steht und fällt mit dem Team und mit der Leitung. In der Jugendarbeit gehen alle aufeinander ein. Immer. Was auch manchmal einfach voll schwer ist. Aber in Wirklichkeit helfen sie einander eigentlich gegenseitig über jede Hürde. Und wenn mal etwas passiert, dann setzt man sich auch hin und sagt: ‚Was ist da los? Lass uns darüber reden, weil das nicht gut ist, dass es in diese Richtung läuft.'" Man merkte bei diesen Worten richtig, dass Valentina mit ihrer Geschichte nun nicht nur in der Gegenwart angekommen war, sondern auf die Zukunft blickte.

Das Interview dauerte genau 34 Minuten und 38 Sekunden. Die knappe halbe Stunde berührte mich zutiefst. Danach plauderte ich noch eine ganze Weile mit Valentina. Als wir das Lokal verlassen hatten, trennten wir uns wieder an dem Ort, an dem wir uns zuvor trafen.

Ich machte mich mit gemischten Gefühlen auf die Heimreise. Ich hatte noch so viele Fragen. Was zum Beispiel war damals geschehen, als Valentina völlig aufgelöst im Jugendzentrum auftauchte und von Marlena „aufgefangen" wurde? Aber die noch viel wichtigere Frage, die sich mir stellte, war: Wie sollte ich Valentinas Geschichte so verfassen, dass sie ihr gerecht werden würde? Ich entschloss mich, erst einmal die Weihnachtsfeiertage vorbei ziehen zu lassen, setzte die Kopfhörer auf, schaltete meinen iPod an und bewunderte erneut die dicken Flocken, die vom Himmel zum Boden glitten.

Nicht gesehen und nicht gehört werden

Kathrin Harreither

Heute sitze ich hier in einem Kaffeehaus, trinke meinen zweiten Cappuccino und versuche meine Vergangenheit und Kontakte mit Sozialarbeit in eine Geschichte zu packen. Mein Deutscher Schäferhund Rex, mein bester Freund, der mich in jeder Lebenslage begleitet, liegt unter dem Tisch und genießt die Sonne. Es riecht nach Frühling. Die Leute sind fröhlich und die Vögel zwitschern. Auch ich bin gut gelaunt, genieße meinen freien Tag. Mein Stück Sachertorte mit Schlagobers versüßt mir den Moment und hilft mir, meine Gedanken schweifen zu lassen. Ich werde nun versuchen, meine Geschichte zu erzählen und mich mit der Vergangenheit zu beschäftigen.

Alles begann als ich neun Jahre alt war. Ich führte ein unbeschwertes Kinderleben, lebte nach der Trennung meiner Eltern bei meinem Vater und seiner neuen Freundin. Ich liebte es, den ganzen Tag im Wald herumzutoben, mit Tieren zu spielen und Blödsinn zu machen. All die Sachen, die ein Kind gerne macht. Mein Vater arbeitete viel, am Wochenende hielt er sich jedoch immer Zeit für uns frei. Wir bauten Baumhäuser, kletterten auf Steinen durch Flüsse, spielten Piraten und Indianer. Es war eine tolle Zeit. Doch plötzlich änderte ein Tag mein ganzes Leben.

Es war ein Dienstagmorgen. Ein ganz normaler Tag, wie jeder andere. Ich stand in der Früh auf und ging ins Bad. Ich wollte meine Zähne putzen und mich für die Schule fertig machen. Doch soweit kam es nicht. Ich öffnete die Badezimmertüre und sah meinen Vater am Boden liegen. Leblos. Ich schrie, versuchte ihn zu wecken, bettelte, dass er die Augen aufmachen solle. Doch nichts passierte. Er war tot. In dem Moment realisierte ich kaum, was hier eigentlich passierte. Ich befand mich in einer Art Trance.

Am nächsten Tag läutete es an der Haustüre. Ich öffnete und es standen drei Menschen vor der Tür. Ich kannte keinen von ihnen. Sie stellten sich als Kriseninterventionsteam vor und erklärten ihren Beruf. Ich hatte keine Ahnung, was die hier wollten. Ehrlich gesagt hörte ich ihnen nicht einmal zu. Ich stand damals völlig neben mir. Der Körper war anwesend, mein Geist irgendwo anders. Die Menschen waren aber nett, spielten und redeten mit uns Kindern, aber was die eigentlich wollten, wusste ich lange nicht.

Nach dem Zusammentreffen mit dem Kriseninterventionsteam ging dann alles ziemlich schnell. Notarbesuche, Jugendamt … Es wurde entschieden, dass mein Bruder und ich bei der Lebensgefährtin meines Vaters leben würden und sie unsere Pflegemutter sein sollte. Die Tage vergingen für mich wie Minuten, ich hatte das Gefühl, die Zeit läuft an mir vorbei und ich stehe in einer Ecke und sehe zu. Von den Behördenwegen und Terminen bekam ich wenig mit. Ich wurde auch nicht gefragt, was ich eigentlich will. Ehrlich gesagt hätte ich das in dieser Situation damals auch nicht beantworten können. Der Schock war noch immer in mir. Mein Vater war tot und ich würde ihn nie wieder sehen. Meine Mutter war psychisch krank, keine Ahnung was das sein sollte, das erklärte mir als Kind auch keiner, jedenfalls wusste ich, dass ich zu meiner Mutter auch nicht kommen konnte. Somit blieb mir auch nichts anderes übrig, als bei meiner Stiefmutter zu leben.

Die ersten Jahre bei meiner Pflegemutter waren schön, wir waren vier Kinder und alles war in Ordnung. Sie war eine aufmerksame Person, mit unseren Pflegegeschwistern verstanden wir uns gut und mein Bruder und ich waren sowieso ein Herz und eine Seele. In gewissen Momenten schafften wir es wieder Kinder zu sein. Spielten, machten Dinge, die wir vorher auch machten, erlebten Abenteuer und schalteten unsere Sorgen ab.

Doch die Zeit verging. Wir wurden älter und ich begann eine Lehre zum Gärtner. Mit dieser Lehre begannen auch die Streitigkeiten. Meine Pflegemutter bekam viel Geld für uns, was wir jedoch nie sahen. Die Streitigkeiten wurden immer mehr. Sie bezogen sich vor allem auf die Themen Geld und Vertrauen. Wir waren für unsere Pflegemutter meist nur eine Geldquelle. Sie schenkte uns kein Vertrauen und gab uns auch nicht die Zeit und Aufmerksamkeit, welche wir benötigten. Je älter und reifer wir wurden, desto mehr suchten wir die Konfrontation mit ihr. Uns wurde bewusst, dass sie Geld vom Staat für unsere Pflege bekam und dieses Geld somit für uns gedacht war. Leider sahen wir nichts von diesem Geld und mussten uns Dinge, die wie benötigten, von unserem Lehrlingsgehalt kaufen.

Im Nachhinein gesehen wird mir so einiges klar. Jährlich hatten wir einen Termin beim Pflegschaftsgericht. Wochen vor diesem Termin bekamen wir große Geschenke, machten Ausflüge und durften uns wünschen, was wir wollten. Als Kind beziehungsweise Jugendlicher war mir nicht klar, was dahinter steckte. Natürlich erzählten wir Kinder dann am Tag des Gerichtstermins, dass sie die beste Pflegemutter der Welt sei. Der Pflegschaftsrichter glaubte uns natürlich, dachte, es gehe uns blendend bei ihr und gab wieder das Okay für das nächste Jahr. Die Wahrheit über die Unterschiede zwischen leiblichen Kindern und Pflegekindern haben wir nie gesagt. Wir wurden auch nicht gefragt danach. Immer wenn die Dame von der Kinder- und Jugendhilfe auf Besuch kam, schickte uns die Mutter hinaus zum Spielen und trank Kaffee mit ihr. Sie ging wieder ohne mit uns viel zu sprechen. Die Bedeutung und Wichtigkeit dieser Termine habe ich damals noch nicht verstanden.

Dann kam der 18. Geburtstag. All meine Freunde freuten sich auf den Geburtstag. Endlich erwachsen. Doch ich hatte Angst davor. Ich wusste dass auch dieser Tag mein Leben wieder verändern würde. Und so war es auch. Meine Pflegemutter stellte mir meine gepackten Sachen vor die Türe und sagte, ich sei ja jetzt erwachsen und selbstständig. Sie sei nicht mehr für mich zuständig. Einerseits war das Gefühl, aus diesem Haus wegzukommen, ein schönes, da ich wusste, dass sie mich nur bei sich hatte des Geldes wegen. Andererseits wusste ich auch, dass nun ein harter Kampf beginnen würde. Ich habe mich seither durchgebissen und mein Leben aufgebaut. Bin nun zufrieden mit meinem Leben, so wie es ist.

Doch was hat nun meine ganze Geschichte mit Sozialarbeit zu tun?

Das möchte ich euch jetzt sagen. Damals war natürlich auch die Kinder- und Jugendhilfe für uns zuständig. Die Behörde musste nachsehen, ob es uns bei der Pflegemutter gut ging und wir alles hatten, was wir brauchten. Als Kind habe ich das alles nicht mitbekommen, doch je älter und reflektierter ich wurde, umso besser merkte ich, dass oft Besuch vom Jugendamt da war. Besuch, den wir jedoch selten zu Gesicht bekamen. Meistens wurden wir nach Draußen zum Spielen geschickt. Währenddessen unterhielt sich unsere Pflegemutter im Haus mit der Dame vom Jugendamt. Oft hat sie Kuchen gebacken und servierte Kaffee. Sie unterhielten sich meist nicht lange. Je nachdem welche Dame bei uns war, wollte sie uns sehen oder nicht. Einige gaben uns die Hand und sagten „Hallo!" Anderen reichte es, uns durch das Fenster beim Spielen zuzusehen. Wahrscheinlich hätte ich als Kind auch nicht den Mut gehabt, zu sagen, dass es uns bei der Pflegemutter nicht so gut erging, wie es aussah. Ich wurde aber auch nicht um meine Meinung gefragt. Zumindest nicht so, dass es mir in Erinnerung geblieben wäre. Durch die ständigen Wechsel bei der Zuständigkeit für unseren Fall hatte ich auch keinen Durchblick mehr, wer für mich nun zuständig war. Auch als Jugendlicher hatte ich dann nie in Erwägung gezogen, mit den JugendamtsmitarbeiterInnen über die Themen zu Hause zu sprechen oder ihnen zu sagen, dass wir von unserem eigenen Geld leben müssen und uns alles selber finanzieren müssen, obwohl unsere Pflegemutter Geld für uns bekommt. Doch das wäre doch eigentlich der Sinn einer Sozialarbeiterin auf der Kinder- und Jugendhilfe oder? Ich hätte doch mit meinen Problemen und Sorgen zu ihr kommen können müssen. Eigentlich hatte ich auch keine Ahnung, was SozialarbeiterInnen sind.

Nun sitze ich hier, in dem Café, habe mittlerweile ein Wasser bestellt und meinen Kuchen aufgegessen. Rex, mein Schäferhund, liegt immer noch in der Sonne und schläft. Und ich reflektiere mein Leben. Ich habe es geschafft, ich habe mein Leben in die Richtung gelenkt, in welcher ich es haben wollte. Trotz meiner Vergangenheit. Jetzt weiß ich auch, wie wichtig Sozialarbeiter*innen sind und dass es viel mehr von ihnen geben sollte. Hätte ich damals mehr Kontakt zu ihnen gehabt, hätte ich die Probleme mit meiner Pflegemutter wahrscheinlich angesprochen. Zum Kriseninterventionsteam möchte ich noch sagen, dass es für mich persönlich einfach zu früh war. Mein Vater war einen Tag lang tot und diese fremden Menschen standen vor der Türe. Bis jetzt wurde ich jedoch noch nie von einem oder einer SozialarbeiterIn gefragt, wie es mir in der Situation als ich meinen Vater gefunden habe ergangen ist. Ich finde den Beruf SozialarbeiterIn sehr spannend und finde es toll, dass es Menschen gibt, die sich diesen Beruf aussuchen und versuchen, andere Menschen zu unterstützen. Ich persönlich habe leider oft das Gefühl gehabt, nicht gesehen und nicht gehört zu werden.

Nun habe ich meine Geschichte erzählt, werde bezahlen und eine Runde im Wald mit Rex gehen. Vielleicht springen wir über Steine im Fluss, so wie mein Bruder und ich, als wir noch Kinder waren. Wie Robert Redford sagte: „An der Vergangenheit festzuhalten ist gefährlich. Man muss einfach weitermachen.“

DER TISCHTENNIS-CHAMPION

MARKUS KÖLLNER

Ping pong ping pong ping pong. Dritter Satz, 10 : 2. Die beiden vorangegangenen Sätze habe ich verloren. Die Zeichen stehen auf Niederlage. Alex hatte mich im ersten Match noch ein wenig geschont. So konnte ich wenigstens einen Satz für mich entscheiden. Wer mir so überlegen ist, ist also nicht unverdient Anführer der Bestenliste.

Mein Studienkollege Peter begleitete mich an diesem sonnigen Samstag im Dezember zum Jugendzentrum, in dem er als Betreuer arbeitet. Auf dem Weg dorthin unterhielten wir uns nochmals über den Ablauf des Interviews und was Alex schon darüber wusste. Beim Jugendzentrum angekommen, stellten wir fest, dass Alex noch nicht da war. Peter wirkte nun etwas besorgt. Normalerweise sei Alex sehr verlässlich, sagte er. Nachdem die Alarmanlage deaktiviert war, konnten wir, ohne einen Notruf auszulösen, eintreten. Peter machte sich daran, den Laptop hochzufahren, um Alex über Facebook zu kontaktieren. Viele Jugendliche sind mit der Facebookseite des Jugendzentrums verbunden. In der Zwischenzeit sah ich mich ein wenig um. Alles wirkte auffallend aufgeräumt und sauber, was das etwas heruntergekommene Gebäude von außen gar nicht hatte vermuten lassen.

Alex antwortete prompt auf Peters Nachricht und meinte, dass er sich etwas verspäten werde. Als nächstes führte Peter mich herum. Zu Spitzenzeiten tummeln sich hier bis zu 150 Jugendliche auf verhältnismäßig wenig Raum. Vor dem Jugendzentrum sind Plätze für Fußball- und Basketballspiele vorhanden. Umgeben ist das Gebäude von einem Park. Zusätzlich zu Wuzzler und Tischtennistisch wurde ein Billardtisch aufgestellt. Auf einer Videospielkonsole finden Mario Kart-Turniere statt. Der Laptop und drei weitere Standcomputer bieten neben Internetzugang die Möglichkeit, gemeinsam mit BetreuerInnen Bewerbungsunterlagen zu erstellen. Eine umfangreiche Spielesammlung und kostengünstige Getränke und Speisen gehören ebenfalls zum Angebot des Jugendzentrums.

Auf der ausgehängten Punkteliste der Tischtennisliga stand Alex am ersten Platz. Er war an diesem Tag ebenfalls der aktuelle Spitzenreiter bei den Wuzzelturnieren. Peter erzählte, dass Alex bei diesen Turnieren sehr ehrgeizig sei. Nach einer Stunde des Wartens machte ich mir langsam ein wenig Sorgen darüber, ob das Interview stattfinden würde und ob ich bis zum Beginn des regulären Betriebs, wenn 150 Jugendliche hier herein drängten, mit dem Gespräch fertig werden würde. Zumindest meldete sich mein Interviewpartner regelmäßig über Facebook. Nach Abschluss der Führung verbrachten Peter und ich die Wartezeit mit Tischtennisspielen. Ich ahnte bereits, dass ich das Aufwärmen notwendig haben würde. Nach eineinhalb Stunden war es soweit. Alex war da und das Match konnte beginnen.

Nachdem Alex in zwei Runden recht deutlich gewonnen hatte, machten wir es uns in einer Ecke auf tiefen Sofas bequem. Alex sprach mich konsequent mit „Sie“ an, obwohl ich ihm schon mehrmals das „Du-Wort“ angeboten hatte. Somit beließ ich es nach einigen Versuchen dabei. Peter verabschiedete sich einstweilen von uns und ging Lebensmittel einkaufen. Unser Gespräch darüber, was Alex mit Sozialer Arbeit erlebt hatte, begann.

Alex ist nun 16 Jahre alt. Sein erster Kontakt zur Sozialarbeit war während dem letzten Schuljahr. „Einmal jede Woche kam Jugendcoaching an die Schule und da bin ich halt hingegangen“, erzählt Alex. Mit der Sozialarbeiterin führte er viele Gespräche über Lehrstellen oder eine weiterführende Schule. Aus den vielen abgeschickten Bewerbungen ergab sich schließlich ein Bewerbungsgespräch. Das Erste in seinem Leben. „Ich war sehr schüchtern und redete nicht viel, außer, wenn ich gefragt wurde. Wir waren zu acht oder neunt bei dem Termin.“ Die anderen BewerberInnen waren laut Alex hundertprozentig schon über 18 Jahre alt. Unter den BewerberInnen waren HTL-AbbrecherInnen und Matura-AbsolventInnen. Im Anschluss an das Gespräch folgte ein Test. „Das Lustige daran war, der war zweiseitig und ich hab es nicht bemerkt. Ich füllte schön brav die erste Seite aus und als es geheißen hat: ‚Abgeben!‘, drehte ich den Zettel um und da waren noch mehr Fragen. Ich dachte mir: ‚Daraus wird nichts!‘“ Alex lacht herzlich, als er davon erzählt.

Nach Beendigung seines neunten Schuljahres wollte Alex eine Lehre beginnen. Er dachte, er werde einfach und schnell einen Ausbildungsplatz finden, musste aber feststellen, dass dem nicht so war. Also meldete er sich beim AMS an. Dort wurden ihm verschiedene Kurse und Werkstätten vorgeschlagen. Am meisten interessierte er sich für die Jugendwerkstatt, in der Jugendliche in verschiedenen Werkstätten Berufe kennenlernen. „Ich war dort zwei Monate und zehn Tage. In dieser Zeit war ich in den Werkstätten ‚EDV Systemtechnik‘, ‚IT-Technik‘ und ‚Mediendesign und Medientechnik‘. Ich interessiere mich für Computer und Technik.“ In der „IT-Technik“ und der „EDV-Systemtechnik“ bauten die Jugendlichen PCs und Computeranlagen auf und ab, um dadurch alle Bestandteile besser kennenzulernen. „Mit all den Kabeln, Switches und Harps. Wir machten viele Fehler.“ Die TrainerInnen gaben so lange Ratschläge, wie die Jugendlichen es machen sollten, bis alles funktionierte. In der Medientechnik lernte Alex mit dem Programm „Photo-shop“ umzugehen. „‚IT-Technik‘ hat mir relativ gut gefallen, also dachte ich mir, das möchte ich in einer Firma oder in einer überbetrieblichen Lehre machen.“ Durch die Jugendwerkstatt entstand Kontakt zu einer Firma, bei der es möglich war, überbetrieblich einen Beruf zu erlernen. Eine überbetriebliche Lehre ist für Jugendliche gedacht, die in einem Betrieb am freien Arbeitsmarkt keine Lehrstelle finden. Diese durch das AMS finanzierte Berufsausbildung kann zur Gänze überbetrieblich absolviert werden. Jugendliche können jedoch jederzeit in einen Betrieb wechseln, um dort die Lehre zu beenden. Nach vier Schnuppertagen in dieser Firma bekam Alex ein schriftliches Feedback darüber, dass er für den Lehrberuf „IT-Techniker“ genügend geeignet sei, aber eben nicht sehr gut. 17 andere Jugendliche aus Alex’ Gruppe waren sehr gut geeignet und wurden sofort in die überbetriebliche Lehrausbildung aufgenommen. Alex kam auf die Warteliste. Ihm wurde ein Beginn der Ausbildung im Februar des darauf folgenden Jahres in Aussicht gestellt. Daraus wurde leider auch nichts. Daher war er nach Abschluss der Jugendwerkstatt noch immer ohne Lehrstelle. Nach einem Monat Langeweile zuhause ging er wieder zum AMS.

Das AMS empfahl die Einrichtung „spacelab“. Das ist auch so eine Art Werkstätte und wird von der WKO, dem AMS und dem Verein Wiener Jugendzentren finanziert. Um sich an Pünktlichkeit zu gewöhnen, besucht man zum Einstieg ein Tagestraining. „Bei mir hat es zwei bis drei Monate gedauert, bis ich das im Griff hatte. Die Betreuer sagten: ‚Okay‘ und somit war ich aufgenommen.“ Zur Auswahl standen zwei Werkstätten: Die Kreativwerkstatt und die Medienwerkstatt. In beiden Werkstätten schnupperte Alex jeweils eine Woche, bevor er sich für die Medienwerkstatt entschied. Jugendcoaches unterstützen Jugendliche eine Stunde pro Woche beim Schreiben von Bewerbungen. Alex gelang es dadurch eine Lehrstelle in einem Betrieb zu finden.

Nach einem Monat wurde das Lehrverhältnis durch den Betrieb aufgelöst. „Ich finde der Chef war ein bisschen komisch. Um fünf Uhr hatte ich aus, bin aber immer zu ihm hin gegangen und hab gefragt, ob noch irgendetwas zu tun sei oder ob ich schon heimgehen darf. Er meinte am Ende des Monats dann, ich hätte kein Interesse an einer Arbeit hätte.“ Alex meldete sich also wieder bei „spacelab“. „Dort begann alles wieder von vorne, also Einstieg übers Tagestraining und so weiter.“

Während seiner Schulzeit kannte Alex Jugendzentren nicht. „Ich hatte mir gedacht, dass dort vielleicht Jugendliche hingehen, die keine Schule besuchen oder irgendwie anders sind.“ In der Zeit nach Beendigung der Schulpflicht war nicht viel zu tun. Dadurch, dass Alex in der Nähe des

Jugendzentrums wohnt, spielte er auch in demselben Park wie die Gäste aus dem Jugendzentrum. „Irgendwie interessierte es mich und eigentlich traute ich mich nicht hinzugehen. Eines Tages ging ich einfach rein und redete mit den Betreuern. Die Betreuer waren sehr nett, das gefiel mir.“ In den wöchentlichen Besuchen entstand guter Kontakt zu den BetreuerInnen. Alex begann insgesamt vier bis fünf Jugendzentren in seiner Umgebung aufzusuchen. Die Öffnungszeiten kannte er mittlerweile alle auswendig. Er lernte viele neue FreundInnen kennen. Durch die Jugendzentren nahm er an Aktivitäten teil, zu denen er während seiner Schulzeit nicht die Möglichkeit hatte. „Wir sind öfters ins Kino gegangen, ins Museum oder zum Bowling. Wenn wir als Jugendliche über das Jugendzentrum an Ausflügen teilnehmen, bezahlen wir nichts. Normalerweise kostet Bowling spielen ja 10 oder 14 Euro. Ich bin immer dabei, habe während der Schulzeit vieles verpasst.“

Auf die Frage nach einem lustigen Erlebnis mit Sozialer Arbeit erzählt Alex von einem Wintersportausflug. „Wir fuhren in der Früh weg und am Abend wieder zurück. Ich entschied mich für Snowboard. Das Lustige war, dass ich den ganzen Tag auf meinem Hintern gerutscht bin, aber die letzten eineinhalb Stunden fuhr ich schon ganz gut.“ Es war für ihn das erste Mal, dass er Wintersport ausprobierte.

„Zu Ihrer Frage, was man an Sozialarbeit besser machen könnte, weiß ich gar keine Antwort. Ich finde alles perfekt. Die Betreuer sind alle sehr nett und okay. Bisher machte ich keine schlechten Erfahrungen. Die Regeln und wie die Betreuer alles aufgebaut haben macht viel aus.“ Da die TrainerInnen in der Jugendwerkstatt immer wussten, was man verbessern kann, lernte er viel. Bei „spacelab“ war es für Alex sehr hilfreich, dass er dabei unterstützt wurde Bewerbungen zu schreiben und immer ein bisschen Druck ausgeübt wurde. Dadurch fühlte er sich motiviert und bekam das Gefühl, dass es immer etwas zu tun gab. „Mir war nicht oft fad und ich war immer energievoll. Sozialarbeiter oder Betreuer sollten offen und nett sein, reden, vielleicht helfen und die Jugendlichen verstehen.“

Vor zweieinhalb Monaten wurde Alex dann doch in die überbetriebliche Lehrausbildung zum IT-Techniker aufgenommen. Nur mehr einen halben Monat, dann ist die dreimonatige Probezeit geschafft und er kann nicht mehr so leicht gekündigt werden. „Der Vorteil an einer überbetrieblichen Lehre ist, dass man eine Ausbildung bekommt. Der Nachteil ist, dass man nicht so viel verdient wie in einem Betrieb. Man kann sich nicht alles aussuchen und muss damit zufrieden sein. Ich finde es aber schon okay, denn es ist besser als zuhause zu sitzen.“ In der überbetrieblichen Lehre wird man außerdem dabei unterstützt, Bewerbungen zu schreiben. Sollte es nach einem Wechsel in einen Betrieb Probleme geben, ist es möglich wieder in die überbetriebliche Lehre zurückzukehren. Bei Schwierigkeiten in der Berufsschule, bei privaten oder familiären Problemen oder wenn man irgendetwas falsch gemacht hat, besteht die Möglichkeit SozialarbeiterInnen zu kontaktieren, erzählt Alex. „Alles was in diesem Raum geredet wird bleibt in diesem Raum und wird nicht weiter erzählt."

„So bin ich zum Jugendzentrum und zur Sozialarbeit gekommen. Am Anfang dachte ich mir so: ‚Ja, das ist scheiße, dass ich jetzt zuhause sitze, dass ich jetzt nichts mache.' Aber jetzt nach einem Jahr, wenn ich wieder zurückdenke oder so, finde ich es war eigentlich nicht schlecht. Jetzt habe ich eine Lehrstelle wegen diesen Sozialarbeitern."

Damit beendet mein Interviewpartner seinen Rückblick auf ein Jahr Kontakt mit Sozialer Arbeit. Peter ist mittlerweile von seinem Einkauf zurück und hat in der Küche des Jugendzentrums ein asiatisches Gericht zubereitet. Eine Einladung zum Mittagessen lehnt Alex dankend ab. Am Abend findet eine Feier im Jugendzentrum statt, davor müsse er noch ein paar Angelegenheiten erledigen. Er verabschiedet sich von mir und verlässt den Raum. Gemeinsam mit Peter esse ich noch eine Kleinigkeit und denke über das Gespräch nach. Wäre ich auch so entspannt gewesen als Jugendlicher, wenn ich nichts von dem, was ich erreichen wollte, erreichen könnte?

Ich war das schwarze Schaf der Familie

SARAH WENINGER

Hey! Mein Name ist John, ich bin jetzt 26 Jahre alt. Mittlerweile habe ich Arbeit, meine eigene Wohnung und bin Vater eines wunderbaren Kindes, welches meinen Alltag erhellt. Doch noch vor einigen Jahren sah das Ganze völlig anders aus. Körperverletzung, Diebstahl, Betrug, Steuerhinterziehung, Raub, Raubüberfall, Drogenkonsum und -verkauf, Menschenhandel ... da war so ziemlich alles dabei.

Ich war erst 13 Jahre alt, als ich das erste Mal mit Kriminalität zu tun hatte. Darauf folgten Kontakte zu Personen, die schon länger „in diesen Kreisen" verkehrten. Gesetzeskonflikte waren an der Tagesordnung. Wie sollte es auch anders sein, ich bin deshalb auch sehr oft und in unterschiedlichen Ländern in Untersuchungshaft gesessen. In meiner noch eher „ruhigen" Zeit von 15 bis 19 Jahren war der Großteil meiner Anzeigen wegen Körperverletzungen. Das war auch die Zeit, in der ich das Jugend-Streetwork regelmäßig besucht habe. Das erste Mal war ich mit 14 Jahren dort, wusste davor aber nicht einmal was Streetwork überhaupt heißt. Freunde und ich gingen dann einfach mal hinein, um uns zu erkundigen, was das genau ist und wurden auch sofort sehr nett empfangen: „Hey, freut uns, dass ihr hier seid. Wir sind Emir, Kathi und Sabrina, die Streetworker hier. Das Jugend-Streetwork bietet euch einen Ort, an dem ihr euch einfach aufhalten, spielen, essen und trinken könnt. Wir sind auch für euch da, wenn ihr Probleme habt oder Hilfe braucht." Mir gefiel es dort sehr gut und ab diesem Tag waren wir eigentlich fast täglich in der Streetwork-Anlaufstelle. Nach der Schule war das Pflichtprogramm und wir hielten uns dann meistens zwei bis drei Stunden dort auf. Die hatten damals glaube ich zwei Mal am Tag geöffnet. Es waren auch immer andere Jugendliche da, man kann es sich also wie eine Art Jugendtreff vorstellen, in dem sich immer verschiedene Leute getroffen haben. So wie ich mit meinen fünf, sechs Spezis. Wir haben dann oft im Internet gesurft, Playstation oder Billard gespielt oder sind einfach auf dem Sofa gesessen, haben Spaß gehabt, uns unterhalten und Witze gerissen. Und Emir, Kathi und Sabrina sind halt auch immer mit dabei gewesen und haben sich mit uns unterhalten und mitgelacht und -gescherzt. Sie boten sich auch immer zum Playstation oder Billard spielen an. Man konnte sie aber auch fragen, ob sie mitspielen wollen und da kam eigentlich nie ein „Nein". Ausflüge standen auch manchmal am Programm, Fußball spielen, Schwimmen oder in den Hochseilpark und so. Aber hauptsächlich war das Streetwork einfach unser Treffpunkt, man könnte sagen, es war wie unser zweites Zuhause. Ohne die Anlaufstelle, ach du meine Güte, da wäre uns jeden Tag langweilig gewesen, weil wir nur blöd auf der Straße herumlaufen hätten können.

Aber neben diesem Treffpunkt waren die StreetworkerInnen dort auch immer da, wenn ich Probleme hatte. Zu einem Streetworker, und zwar Emir, hatte ich ein besonders gutes Verhältnis. Emir war ein sehr freundlicher, lustiger und lockerer Typ. Und von oben bis unten tätowiert. Mit ihm kam ich wirklich sehr gut klar. Er war auch derjenige, an den ich mich meistens mit meinen Problemen gewandt habe, zum Beispiel wenn mal wieder eine Anzeige gegen mich im Raum stand, da ich ihm vertraut habe und er mich auch immer sehr hilfreich unterstützt hat. Er hatte immer ein offenes Ohr und sehr viel Verständnis für mich. Emir, aber auch Kathi und Sabrina haben mir bei allen Dingen geholfen, bei denen ich nicht wirklich Bescheid wusste, wie gerichtliche Sachen, Briefe vom Rechtsanwalt oder RSB-Briefe und sowas. Auch bei Gerichtsverhandlungen oder der Polizei war Emir manchmal mit und hat mich darüber informiert, was ich am besten machen soll, dass ich ohne Anwalt nichts sagen muss oder mir noch Bedenkzeit nehmen oder in Berufung gehen kann und all solche Dinge. Das war schon immer sehr hilfreich, ich habe bei all dem ja nicht wirklich Bescheid gewusst. Vor Gerichtsterminen oder Terminen bei der Polizei haben wir auch oft Gespräche geführt, was ich dort sagen soll oder was lieber nicht. Streetworker durften dort ja nichts sagen, außer sie wurden etwas gefragt. Wenn sie mir also etwas geraten haben, war es meist vor diesen Terminen. Mit allen Anzeigen ging ich zwar nicht zu Emir, weil ich manches auch alleine geregelt habe, aber von meinen Körperverletzungen wusste er eigentlich das Meiste. Auch weil er mir das Gefühl gab, mit allem zu ihm kommen zu können, ohne dabei verurteilt zu werden oder eine Moralpredigt vorgebetet zu bekommen.

Als mich meine Eltern dann damals mit 16, 17 aus der Wohnung geworfen haben, da es zu Hause viele Probleme gab und ich sozusagen auch das schwarze Schaf der Familie war, war Emir mir eine große Hilfe bei der Wohnungssuche. Ich habe ihm erzählt, dass ich ausziehen muss und eine Wohnung brauche, aber keine finde. Zusammen recherchierten wir dann im Internet, um so schnell wie möglich eine Wohnung zu finden. Und durch seine Unterstützung bekam ich dann auch sehr rasch etwas. Ich glaube, dass Emir sogar privat etwas recherchiert hat. Das weiß ich wirklich sehr zu schätzen.

Naja, soviel zu meiner noch relativ „ruhigen" Jugendzeit. Ab 19 ging es dann eigentlich los, da fingen die richtig schlimmen Sachen an. Zu dieser

Zeit war ich sehr viel im Ausland unterwegs und auch nicht mehr wirklich oft beim Streetwork. Ein oder zweimal die Woche, wenn überhaupt. Ich bekam damals auch einen guten Rechtsanwalt aus Wien, der mir dann meistens raushalf bei Geschichten wie Betrug, Steuerhinterziehung oder Diebstahl. Streetworker selbst haben ja keinen Rechtsanwalt und können auch nur einen Antrag stellen oder dich beraten, an welche Stellen du dich wenden kannst. Jedenfalls musste ich wegen meiner vielen Straftaten auch noch zweieinhalb Jahre in die Männerberatung und habe zusätzlich bis heute noch einen Bewährungshelfer. Mit dem Jugend-Streetwork kann man das aber überhaupt nicht vergleichen, das sind zwei Paar Schuhe. Die unterschiedlichsten, die es geben kann. Die Männerberatung und die Bewährungshelfer nerven einfach nur, weil ich jede Woche hinkommen muss, um nicht eingesperrt zu werden. Die Männerberatung ist zwar zum Glück schon vorbei, aber da hatte ich auch große Probleme mit Horst, dem dort zuständigen Sozialarbeiter. Ich musste mich jede Woche einmal mit ihm treffen, das war dann immer ein Gespräch von circa zwei Stunden. Und er ist mir so richtig auf den Sack gegangen. Das war so ein unzufriedener, grober Typ. Er hat mir immer Fragen gestellt, die ich teilweise nicht mal richtig verstanden habe und er war dann sauer, wenn ich das Thema gewechselt habe. Ist ja auch peinlich zugeben zu müssen, dass ich keine Ahnung hab, was er labert. Er hat mich dann total zusammengeschissen, warum ich dieses und jenes erzähle und nicht auf seine Frage antworte. Schon ein bisschen verrückt. Das ging eine Weile so weiter, bis wir uns dann mal so gestritten haben, dass Horst vom Sessel aufgesprungen ist und fast auf mich losgehen wollte. Das ließ ich mir natürlich nicht gefallen: „Probier's ruhig Horst! So schnell kannst du gar nicht schauen und du liegst draußen vor dem Fenster!“ Das hat ihm natürlich auch nicht wirklich gefallen. Da sind dann richtig die Fetzen geflogen. Aber ich bin dann einfach gegangen und habe bei der Bewährungshilfe angerufen, dass ich die Beratung mit ihm abbreche und jemand Neuen brauche. Hat dann auch funktioniert und der Neue, Mario, war dann eigentlich gut. Das war ein liebes, ruhiges Mama-Burli. Mit Mario hat man reden und auch mal was Anderes erzählen können, da hat er sogar mitgeredet und nachgefragt. Also das hat mir dann gut gepasst. Aber den Horst habe ich wirklich gehasst. Zum Glück kann dieser Teil schon abgehakt werden, bleibt noch die Bewährungshilfe. Da hänge ich noch bis 2018 dran, aber das heißt, es ist auch hier ein Ende in Sicht. Bewährungshelfer hatte ich jetzt anderthalb Jahre den gleichen, Bernhard heißt der. Er war eigentlich immer ganz super, ging aber dann statt seiner Frau in Karenz und hat danach aufgehört. Jetzt habe ich schon seit einer Weile einen Neuen, Christoph, der ist zwar jünger als ich, aber passt mir auch ganz gut. Bei Christoph gehen die Termine immer ganz schnell, oft dauert das Ganze nur 10 oder 15 Minuten. Er ist schon ein guter Freak, der längste Termin hat glaube ich 30 Minuten gedauert. Und er versteht das auch, wenn ich mal sage, dass ich es ein bisschen eilig habe und gerne etwas verkürzen würde. Das ist schon gut. Aber ganz ehrlich, nervig ist es trotzdem sehr oft. Vor allem weil ich viel unterwegs bin und mich dann immer rechtfertigen muss, wenn ich mal nicht kann.

Heute bin ich sehr froh darüber, dass die wilde Zeit vorbei ist und ich mein Leben gut im Griff habe. Dazu hat in gewisser Weise wahrscheinlich auch das Jugend-Streetwork beigetragen. Es ist schon echt leiwand, dass es das Streetwork gibt, weil dort SozialarbeiterInnen sind, die dich unterstützen, die dir im Leben weiterhelfen oder dir einfach auch das Schlechte aus- und das Gute einreden. Sie sind immer da, wenn du Probleme hast, sei es jetzt mit Kriminalität, der Familie, den Freunden oder der Freundin. Ganz egal, sie sind da, helfen dir und geben gute Ratschläge. Würde ich nicht schon zu alt sein, wäre ich heute noch sehr oft dort. Und wer weiß wie wild meine Zeit gewesen wäre, hätte es die drei StreetworkerInnen nicht gegeben.

Man wächst dazu

Regina Hanke-Zingerle

Ich treffe Hüsain in seiner Wohngemeinschaft, in der er seit Februar 2015 wohnt. Ich habe mich entschlossen seine Geschichte für ihn zu erzählen, obwohl ich eigentlich ein Fan von Geschichten in der Ich-Perspektive bin. Aber ich habe das Gefühl, ich müsse Sprecherin für ihn sein. Hüsain ist nicht sein richtiger Name, zu seinem Schutz habe ich ihn verändert. Hüsain ist 16 Jahre und sechs Monate alt, ganz genau gibt er mir sein Alter mitten im Interview an.

Wir treffen uns in den Morgenstunden und es ist noch ganz ruhig in der Wohngemeinschaft. Die Dienstübergabe hat gerade zwischen den beiden Betreuerinnen stattgefunden. Hüsain braucht noch ein wenig und so warte ich im Dienstzimmer. Währenddessen kommt ein junger Mann mit Plastikhandschuhen an den Händen und fragt nach großen Mistsäcken. Er hat gerade Putzdienst, schon beim Betreten der WG musste ich den frisch gewischten Boden überqueren.

Mit ein paar Minuten Verspätung holt mich Hüsain noch etwas verschlafen ab. Er bespricht mit der Betreuerin den Platz für unser Interview, da ich gerne einen möglichst ungestörten Ort möchte. Die Betreuerin schlägt etwas vor, aber Hüsain wählt die Gemeinschaftsküche, da er meint, dass dort um diese Zeit noch nichts los sei. Genau so ist es dann auch.

Hüsain ist ein schlanker Jugendlicher, er wirkt schüchtern und selbstbewusst zugleich auf mich. Anfangs und auch zwischendurch lächelt er mich an. Mir geht durch den Kopf, dass es wohl gar nicht leicht sein muss, ein Interview in einer Sprache zu geben, die man noch gar nicht lange spricht. Trotz (oder gerade wegen) meiner vielen Fragen und Erklärungen zu Beginn des Interviews, weiß er eigentlich gar nicht, was er mir erzählen soll. Ich möchte von ihm seine ganz individuellen Erfahrungen mit der Sozialen Arbeit wissen.

Hüsain erzählt mir, dass er erst in Österreich SozialarbeiterInnen kennen gelernt hat. Vorher kannte er das nicht, auch die besondere Art des miteinander Sprechens und Zuhörens sei neu für ihn gewesen. Seit dem Frühjahr 2014 ist Hüsain nun im Land. Auf mein Fragen hin, nennt er mir prompt das genaue Datum. In der WG arbeiten insgesamt fünf oder sechs BetreuerInnen, seine Bezugsbetreuerin ist auch Sozialarbeiterin.

Anfangs in der WG wollte (oder konnte) er morgens nicht aufstehen und in die Schule gehen. Da er minderjährig ist, war die Kinder- und Jugendhilfe für ihn zuständig. Die Sozialarbeiterin vom Jugendamt ist dann einfach zwei, drei Monate lang immer wieder mal in der Früh gekommen und hat ihn geweckt. Hüsain erzählt mir: „Ich hatte diese Betreuerin vom Jugendamt, sie war auch sehr nett mit mir. Wir haben uns schon ein paar Mal wegen der Schule kennengelernt, wo ich Schüler war. Ich hatte Schule, aber ich war ein bisschen faul, ich bin nicht oft dort gegangen. Ja, deswegen sie macht so viele Termine mit mir: ‚Warum gehst du nicht?' und so ... und wir sind ein bisschen gut geworden. Und dann, manchmal, vielleicht zwei Monate oder drei Monate, sie ist hier in mein Zimmer gekommen, um 7:00 Uhr … Ja, ich, ich darf und will in die Schule, darf und so ... und keine Ahnung, sie hat so viel für mich gemacht."

Auf meine erstaunte Frage, ob er dann aufgestanden sei, antwortet er mit einem verschmitzten Lächeln: „Ja, aber nicht in die Schule gegangen." Die Sozialarbeiterin hätte immer wieder mit ihm gesprochen und das hätte dann geholfen. Er geht nun in die Schule und hat auch gerade seinen Brückenkurs abgeschlossen. Er mache nun einen Vorbereitungskurs für den Pflichtschulabschluss und hoffe diesen noch heuer abschließen zu können, vielleicht brauche er aber noch etwas mehr Zeit, glaubt er.

Zur behördlichen Sozialarbeiterin, die nun nicht mehr für ihn zuständig ist, habe er noch immer Kontakt. Er wisse, wie er sie erreichen könne und sie rufe ihn manchmal an. Wenn er Probleme habe und nicht wisse, wie weiter, sage sie ihm „die Richtung". „Sie hat so viel für mich gemacht, wegen alles, nicht nur hier wohnen. Wegen alles, wegen meine Zukunft, mein Leben." Er deutet an, dass sie ihm in Aussicht gestellt hat, seine Eltern vielleicht einmal zu besuchen. Ich kann seine Herzlichkeit und große Hoffnung spüren, wenn er von der Sozialarbeiterin spricht.

Er habe dann leider psychische Probleme durch seine Flucht bekommen und so haben seine Sozialarbeiterin der Kinder- und Jugendhilfe und seine Bezugsbetreuerin Kontakt zu einer Einrichtung mit ExpertInnen für ihn hergestellt. Dort kann er nun gezielt unterstützt werden. Die beiden Sozialarbeiterinnen haben ihn zu Beginn dorthin begleitet.

Seine jetzige Sozialarbeiterin von der Behörde sehe er nicht mehr so oft, auch, da er nun keine Probleme mehr mit dem Schulbesuch habe. Hüsain meint auch, nicht alle SozialarbeiterInnen vom Jugendamt wollten Kontakt. Seine neue Sozialarbeiterin beschreibt er ganz am Ende unseres Interviews als „ein bisschen streng", da sie ihn nicht unterstütze seine Eltern zu besuchen. Sie meint, dass es in seinem Herkunftsland nicht sicher wäre und er sie daher, bevor er 18 Jahre alt sei, nicht besuchen fahren dürfe. Hüsain senkt seinen sonst so offenen und direkten Blick. Er sagt mir noch, dass er das nicht so sehe, er meint das Land wäre schon sicher.

Ich will noch etwas über die Unterstützung der Bezugsbetreuerin wissen und frage, wie es so laufe. Er versucht für mich zu beschreiben: „Die Betreuerin von WG, sie sind ein bisschen unterschiedlich von Betreuerin von Jugendamt. Vom Jugendamt zum Beispiel, wir sehen uns zum Beispiel einmal im Monat. Manche Betreuerin vom Jugendamt wollen gar keinen Kontakt mit den Jugendlichen, zum Beispiel diese Neue. Aber die Betreuerin von der WG sind immer hier. Und sie wollen nett sein und helfen und manchmal sind sie ein bisschen streng, aber das ist normaler." Er lächelt schüchtern und erzählt weiter, dass sie von den BetreuerInnen in der Früh aufgeweckt werden können, wenn sie ihnen sagen, dass sie einen Termin haben. Auf mein Nachfragen hin fällt Hüsain ein, dass er sehr gerne kocht. Bei gemeinsamen Essen und bei Festen kocht er, dafür wird er dann auch nach geleisteten Stunden bezahlt. Es interessiere ihn sehr und er überlege später eine Kochlehre zu machen, dann könne er ein Lokal aufmachen und seine Speisen anbieten. „Ja, für mich alleine, das Kochen könnte ich nicht machen. Ich hab das noch nicht gemacht. Die Betreuerin hat gesagt: ‚Probieren wir einfach!‘, das war eine Erfahrung. Man wächst dazu." Mir fällt auf, dass er schon in einem anderen Zusammenhang erwähnt hat, dass das „einfach Ausprobieren" neu für ihn ist.

Hüsain spricht das ganze Interview mit kratziger Stimmer und auf meine Frage, ob er verkühlt sei, antwortet er, dass er mit dem Wetter Probleme habe. Hier wäre es nur drei Monate lang Sommer und der Rest des Jahres sei kalt. Wo er herkomme, sei es genau umgekehrt. Er und sein Zimmerkollege wüssten gar nicht, wie sie lüften sollen. Sie machten es, es gäbe da auch Regeln, aber er leide darunter. Mit seinem jetzigen Zimmerkollegen verstehe er sich gut, es wäre aber insgesamt ein wenig kompliziert gewesen. Andererseits sei es mit früheren Mitbewohnern schlechter gelaufen. Ganz am Anfang, wie er in die WG gekommen ist, war noch ein älterer Jugendlicher mit ihm am Zimmer mit dem er sich sehr gut verstanden hatte. Doch der sei dann 18 Jahre alt geworden und musste ausziehen. Hüsain sehe ihn noch manchmal.

Punktgenau am Ende unseres Interviews will der heutige jugendliche Putzdienst in die Gemeinschaftsküche. Ein Mistsack direkt vor der Türe ist gerissen und es muss ein Ersatz dafür organisiert werden. Als ich mich verabschiede ist es noch immer recht ruhig und verschlafen in der WG und ich erinnere mich an meine eigene Jugend zurück: Früh morgens und eigentlich den ganzen Vormittag hindurch bin ich schon immer schwer in die Gänge gekommen. Ich muss lächeln.

The Escape

MARIE THERESE SRAMEK

I was 16 years old when I left my country. I knew if I would stay here, I would be forced to join the regime army, because my hometown is controlled by the regime. They would force me to join the army and military service on the day I turn 18 years. But I don't want to be part of it. I don't want to kill innocent people. I don't want to be controlled by them. But the police would force me to join them otherwise I would probably die. I had two options: join the army and be part of the war or flee out of the country as soon as possible. So I gathered myself together and decided to flee out of the country away from the war, away from the violence, the panic and the uncertainty of the next day. Many people my age and whole families fled too. The only thing that impeded me to stay was my family and the knowledge that I might not ever see them again.

During the hidden escape we were a little group of people who did the journey together. We had to move from one place to another. Although it was cold and dangerous we tried to survive every night and day. The cities we were moving to were already destroyed. It was a long trip and cost me a lot of strength. The boat finally reached the island that meant we were in Greece. I did not know if I was right, but the people at the seaside had Red Crosses on their clothes and the sign of it was everywhere. So I think they were from the Red Cross. I was so thankful because the people were so helpful from the first time we got in touch. It was freezing cold outside the sea. The helpers brought me to tents to settle down and warm up with provided dry clothes. I was starving but didn't ask for food, because I was pleased that I had arrived and had dry clothes in an almost warm tent. The helpers provided me with food and were very kind and helpful all the time. That was my first contact to social work and I was just glad that in the end everything turned out like that. I was alive and kind of safe.

In the course of further time I met different people like social workers, helpers, volunteers. I never had a bad situation with social work. All the people I have met were kind and helpful all the time. The volunteers gave me some advice where I should go and always responded to my needs as medical help from "Doctors Without Borders", food or some rest. They were kind and I am still very thankful for that. But as friendly and as helpful these people were, the police guards and military service men were not that happy that I was there. They were bumping me and calling me names which was really rude, I think. Furthermore I think the difference between these human beings was the voluntary factor. The ones came to help, came to listen, came to give or just be on hand. The other ones needed to get to the countries because of crime and assassins. And maybe as they do not trust us strangers or they thought we would behave badly, they treat us rudely. There are so many people fleeing from the war, so they could not handle the mass of people and their inhabitants as well.

On the 13th January of 2016 I came to this organization, where I could live, get food and make like-minded friends who made similar experiences. I am 17 years old now and I am not allowed to get an education here. Soon I will be 18 years old and then I am not an unaccompanied minor refugee anymore, when my conditions might change. I help here in the organization wherever I can or down in the city, where I put heavy things somewhere, clean somethings or just help wherever I can work. I deeply want to work in a kindergarten one day, but I know that I cannot without education. We have a lot of children in the camp here and I like to spend time playing with them and having fun.

The person in the organization I work the closest with, is my supervisor; he is always kind and has become a good friend of mine. Whenever I need something he is ready to help me and also report me important things, as I cannot speak the language here fluently. Therefore I attend a course to learn the language, but unfortunately it improves slowly. The social worker of the camp is a woman. I don't work very close with her, because she gives me all necessary information through my supervisor.

Sometimes it happens that social workers are "over-helping" me, even if I could do it alone. When they think I cannot do something, or they just help me because they always did so, even if I already learned it on my own. That is why it can happen that they overdo it. I know that it's not good for me or my independence. But sure, I am still very thankful for everybody who helped me getting where I am today. I am very sure about the fact that when I need something really urgently they would try to help me. When the social helper, social worker or my supervisor cannot give something to me or help me in a situation; At least I know they tried everything and would have helped if they could. So I understand that and I am not angry or pissed because of that.

Kehrtwende auf halber Strecke

ANNA POHL

„Mechaniker sein, das wäre mein Traum. Etwas Anderes kann ich mir momentan nicht vorstellen. Ich möchte das unbedingt. Mehr als alles Andere. Werde ich bald eine Lehrstelle finden? Wo werde ich die finden? Es ist schwer. Schwer, eine Stelle zu finden. Doch werde ich die Hoffnung nicht aufgeben und weitersuchen." Diese Gedanken schweifen mir schon lange durch den Kopf. Mit Hilfe des Arbeitsmarktservice habe ich vor einiger Zeit ein Praktikum gefunden, das vier Tage, von Montag bis Donnerstag, dauern sollte. In einer KFZ-Werkstätte. Die Freude war riesengroß. „Vielleicht kann ich dort dann gleich eine Lehre beginnen?" – „Wie wird es werden?" – „Wird es mir gefallen?"

Ich war ein wenig nervös und viele Fragen schwirrten mit durch den Kopf. Meinem Vater hatte ich diese tolle Botschaft eine Woche vorher schon überbracht. Doch seine Begeisterung hielt sich in Grenzen. Ihm war nicht klar, ob es sich hier um eine Lehrstelle handelte oder „nur" um ein Praktikum, ob ich Geld dafür bekäme und vieles mehr. Die Versuche, ihm zu erklären, dass es sich hierbei um ein Praktikum handelte und dass ich anschließend bessere Chancen für eine Lehrstelle haben könnte, scheiterten. Ab diesem Zeitpunkt stellte er mir jeden Tag aufs Neue dieselben Fragen: „Was machst du dort? Hast du endlich eine Lehrstelle gefunden?" Eine ganze Woche lang musst ich ihm diese Fragen beantworten. Er wollte unbedingt, dass ich eine Lehrstelle finde und dachte, dass das Praktikum nur eine Ausrede sei und ich gar nicht arbeiten gehen wolle. Das war jedoch nicht so. Enttäuschung machte sich in mir breit, das spürte ich. „Warum denkt mein Vater so etwas über mich? Glaubt er, ich möchte nicht arbeiten gehen?" Ich beantwortete ihm trotzdem Tag ein, Tag aus die Fragen immer und immer wieder.

Nun war eine Woche vergangen und es war Sonntag. Morgen, Montag, war es endlich soweit und der erste Praktikumstag stand an. Aufregung machte sich breit, und ich konnte es kaum erwarten. Auch heute kam mein Vater wieder in meiner Wohnung vorbei. Ich lebe bereits alleine in einer Wohnung, da ich noch nicht achtzehn bin, ist mein Vater der Hauptmieter. Wir sprachen über verschiedenste und alltägliche Dinge. Es tat gut etwas Ablenkung gegen meine Nervosität zu bekommen. Als er plötzlich wieder fragte, was das für ein Praktikum sei und warum es sich um keine Lehrstelle handle, stieg die Nervosität erneut in mir hoch und ich wurde etwas lauter: „Ja! Es ist ein Praktikum! Was verstehst du daran nicht?" Stille. Mein Vater sah mich mit großen Augen an. Plötzlich wurde er auch lauter. Wir schrien uns gegenseitig an und jeder versuchte lauter zu sein als der andere. Ich war in Rage, fassungslos und hatte es satt, mich ständig dafür rechtfertigen zu müssen. Ich fragte meinen Vater mit wütender Stimme, warum er mir jeden Tag dieselben Fragen stelle, wenn ich sie ihm doch jeden Tag bereits beantwortet hätte. Meine Stimme war noch immer laut, sehr laut und Beruhigung war im Moment nicht möglich. Das war zu viel. Mein Vater schaute mich an und schrie zornig: „Du willst die ganze Sache nicht machen! Nicht arbeiten und suchst nur Ausreden die ganze Zeit!" Er schmiss mich aus der Wohnung mit den Worten: „Du brauchst nicht mehr zurückkommen und ich bezahl dir deine Miete nicht mehr. Du kannst selbst schauen, wie du zurechtkommst!"

Fast regungslos stand ich da und in meinem Kopf war für einen kurzen Moment lang nur Leere. Doch dann. Wut. Vor lauter Zorn zerriss ich den Zettel für das Praktikum, das am nächsten Tag beginnen würde und verließ die Wohnung. „Dann gehe ich da eben nicht hin!", dachte ich. Dieses Praktikum hat mir nur Ärger gebracht, mein Vater war wütend und wollte mich aus der Wohnung schmeißen. Er glaubte wirklich, dass ich nicht arbeiten wollte. Wut, Ärger und Zorn machten sich in mir breit und ich ging, wie gesagt, nicht zur Praktikumsstelle.

Ich hatte Panik, ich brauchte unbedingt sofort einen Job. Wie sonst soll ich denn meine Miete bezahlen oder Essen kaufen? Ein Job musste her, sofort. Stattdessen aber habe ich die zuständige AMS-Mitarbeiterin angerufen, die meinte ich solle vorbei kommen. Ich habe ihr meine Situation erklärt und sie gebeten mir zu helfen, einen Job zu finden, da ich sonst keine Miete zahlen könne und keine Wohnung mehr hätte. Gemeinsam haben wir im Internet geschaut, welche Möglichkeiten es für mich gab, an wen ich mich sonst noch wenden könnte. Dann sind wir auf die Kinder- und Jugendanwaltschaft gestoßen. Dort bin ich dann auch sofort hingegangen und habe die Sozialarbeiterin kennengelernt. Auch ihr habe ich meine Situation geschildert. Den Streit mit meinem Vater über die Wohnung und das Geld und die dringende Suche nach einer Lehrstelle oder einem Job. Mir wurden dann einige Fragen beantwortet, die mir weiterhalfen und wir haben uns einen weiteren Termin ausgemacht. Unser Ziel war es nun, die Wohnung auf mich überschreiben zu lassen und einen Job zu finden. Das Ganze war aber etwas schwierig, da ich noch nicht achtzehn bin und auch kein eigenes Geld verdiente.

Bei weiteren Treffen in der Beratungsstelle habe ich mit der Sozialarbeiterin gemeinsam versucht, die Dinge zu lösen. Was uns auch gelungen ist. Es war nicht immer einfach und ich stieß an meine Grenzen und glaubte nicht mehr an ein gutes Ende. Gemeinsam haben wir es geschafft die Wohnung auf mich zu überschreiben und ich habe mittlerweile auch einen Job gefunden.

Die Mindestsicherung kann ich erst beantragen, wenn ich achtzehn bin, bis dahin bekomme ich eine Beihilfe über das AMS. Nur so kann ich mir die Miete und den Lebensunterhalt leisten. Ich bin froh, dass es die Kinder- und Jugendanwaltschaft gibt, ich hätte die Situation nicht alleine lösen können. Ich kenne die Sozialarbeiterin jetzt schon eine Zeit lang und glaube, dass ich nicht mehr zur Beratung gehen brauche, wenn ich achtzehn bin und die Mindestsicherung beantragen kann. Dann haben wir für mich alles geschafft, obwohl ich gerne hingehe, zur Beratung. Ich kann dort über berufliche, familiäre oder persönliche Probleme sprechen, wenn ich Streit habe mit jemanden oder einfach Hilfe bei etwas brauche. Ich weiß, dass ich die Sozialarbeiterin alles fragen kann und sie mich unterstützt. Natürlich gibt es Tage, wenn ich von der Arbeit nach Hause komme, es kalt ist, ich müde bin oder Rückenschmerzen vom Arbeiten habe, an denen ich lieber zuhause bleiben würde und nicht in die Beratung gehen möchte. Aber alleine das Wissen, dass mir dort geholfen und zugehört wird, motiviert mich wieder und ich gehe gerne hin.

Für mich hat die Beratung in der Kinder- und Jugendanwaltschaft nur positives und ich würde nichts daran ändern wollen. Es soll alles so bleiben wie es ist. Ich hatte nie Erwartungen an die Beratungsstelle oder an die Sozialarbeiterin, aber so wie mir geholfen wird, finde ich das sehr schön. Einen Wunsch hätte ich schon und zwar, dass es mehr solche Einrichtungen, Beratungsstellen und Beraterinnen und Berater gäbe. Nicht nur ein oder zwei, denn so würde mehr Leuten wie mir geholfen werden, das würde ich schön finden.

Ein Tag in meiner WG

KATHRIN HARREITHER

Es ist sieben Uhr morgens, die Tür meines Zimmers öffnet sich und man kann ein gut gelauntes „Guten Morgen, aufstehen, Frühstück ist fertig!" hören. Ich stehe auf, gehe ins Bad und setze mich danach zum Tisch. Ein ganz normaler Morgen. Wie bei vielen zu Hause! Es ist auch mein Zuhause – seit sieben Jahren. Die Wohngemeinschaft der Kinder- und Jugendhilfe. „Fremdunterbringung" nennen sie das. Aber fremd fühle ich mich hier gar nicht!

Ich mag mein Leben. Ich mag den Tagesablauf, die BetreuerInnen, die wie Familienmitglieder für mich sind, meine MitbewohnerInnen und unsere Tiere. Eigentlich ist alles ganz normal, auch wenn viele Menschen das nicht verstehen.

Vor sieben Jahren bin ich von einer Sozialarbeiterin des Jugendamtes – so hieß die Kinder- und Jugendhilfe damals noch – aus meiner Familie genommen worden. Damals war ich zehn Jahre und war gerade in so einer schwierigen Phase, dass ich nicht realisierte, was da passierte. Nach einer kurzen Zeit in einem Krisenzentrum kam ich in meine jetzige WG. Hier habe ich so viele wichtige Entscheidungen für mein Leben getroffen, so viele schöne Momente erlebt und so viel gelernt, wovon ich weiß, dass dies bei meinen Eltern nicht möglich gewesen wäre. Ich wurde hier immer unterstützt. Beim Wechsel in das Poly, bei der Lehrstellensuche, danach bei der Lehrstellenwahl und bei der ersten Freundin. Meine Eltern waren immer dagegen, dass ich Koch werde. Die BetreuerInnen jedoch haben mich bestärkt und mir zu meinem Traumjob verholfen.

Generell muss ich sagen, dass ich sehr zufrieden bin mit dem, was mir bis jetzt passiert ist. Ich verstehe das Image der Kinder- und Jugendhilfe von wegen „Die nehmen nur die Kinder weg!" nicht. Die Kinder werden nur in Notfällen weggenommen und so wie in meinem Fall war das das Beste, was mir passieren konnte. Ich sehe es immer wieder, wenn ich meine Eltern besuche – Mama ist meistens gar nicht daheim oder war die ganze Nacht unterwegs und Papa liegt betrunken am Sofa. Ist das der richtige Ort für ein Kind zum Aufwachsen? Auch mein Vater hat mir immer ein schlechtes Bild über das Jugendamt eingeredet. Das seien nur überbezahlte Menschen, die ihren Frust von zu Hause im Job ausleben und einfach andere Menschen nerven wollen. Der Meinung bin ich eigentlich gar nicht.

Natürlich gibt es Momente, in denen unsere BetreuerInnen nerven. Zum Beispiel wenn wir das Handy abgeben müssen oder zusammenräumen sollen. Aber damit nerven doch Mütter auch immer, oder? Es gibt auch Momente, in denen einem wieder bewusst wird, dass man in keiner „normalen" Familie lebt. Zum Beispiel wenn die Bezugsbetreuerin kündigt. Aber irgendwie ist auch das in einer gewissen Hinsicht „normal", immerhin verlassen auch Familienmitglieder ab und zu die Familie. Und dann gibt es auch noch die Momente, in denen man merkt, dass man sich immer noch in einer Organisation mit einem Ende befindet.

Dieses Ende steht mir bald bevor. Mit 18 Jahren muss ich in eine eigene Wohnung.

Einerseits freue ich mich darauf, selbstständig zu sein, andererseits ist es ein komisches Gefühl. Ich werde die Wärme und die Stimmung vermissen. Natürlich auch den Streit und das Versöhnen. Aber sie lassen uns ja nicht ganz alleine – ein bisschen Betreuung haben wir ja danach auch noch und ich weiß, sie helfen mir trotzdem noch bei jedem Problem aus der Klemme. Ich hatte immer das Gefühl, von den SozialarbeiterInnen in der WG verstanden zu werden. Sie waren immer für mich da und hatten ein offenes Ohr für mich. Sie versuchen uns zu helfen, unsere Wünsche zu verwirklichen und wenn wir gegen die Wand gelaufen, dann haben sie uns geholfen, wieder aufzustehen und einen neuen, besseren Weg zu finden. Genau dieses Gefühl habe ich als Kind nicht gekannt.

KONSEQUENZ UND EINE UNHEIMLICHE LIEBE ZU MENSCHEN

ANNA POHL

Das Auto parkt am Straßenrand in einer Siedlung außerhalb einer kleineren Gemeinde. Ich höre schon beim Betreten des Grundstückes das Bellen einer jungen Hundedame. Ein Haus mit Garten, der von außen nicht sichtbar ist. Ich klingle an der Glocke. Neugierde macht sich breit. Ich kenne die Dame nur vom Telefon als wir uns einen Termin für das Gespräch ausgemacht haben. Ich höre schon näher kommende Schritte. Frau K. öffnet mir das Gartentor und ich betrete ihr Zuhause. Eine freundliche Begrüßung und meine Anspannung fällt ab. Ich bin gespannt auf die Geschichte von Frau K.

Anna betritt das Haus. Ich biete ihr Kaffee, Tee oder ein Glas Wasser an. Unsere griechische Hundedame begrüßt sie auch und wedelt aufgeregt mit dem Schwanz. Nun sitzen wir da. Am großen Küchentisch in unserer gemütlichen Küche. Alles aus Holz und sehr warum, hell und freundlich eingerichtet. Mit meinen Händen umschlinge ich meine Kaffeetasse und setze mich gegenüber von Anna. Sie erzählt mir nochmal, worüber es in ihrem Projekt geht und schon beginne ich, ihr meine Geschichte zu erzählen.

Hier lebe ich nun mit meinem Lebensgefährten und meiner zwölfjährigen Tochter Laura. Gerade eben schläft Julian noch unten in seinem Zimmer. Er ist mittlerweile siebzehn Jahre alt und lebt bei seinem Vater. Wenn er aber eine Auszeit braucht, kommt er zu uns. Dies ist momentan der Fall und er bleibt eine Woche lang hier. Ein schönes Zuhause, in dem ich mich wohl fühle und jeden Tag aufs Neue Kraft und Energie für den Tag bekomme. Nicht nur die Wohnsituation, sondern vor allem mein Lebensgefährte, der immer zu mir steht und mich unterstützt, geben mir die Kraft, die ich brauche. Nun, zum ersten Mal seit langem, spreche ich wieder über die Ereignisse der letzten neun Jahre. Neun Jahre. Eine lange Zeit, die Kraft und Energie gekostet hat. Eine Zeit, in der ich oft nicht mehr weiter wusste, mich hilflos und alleine gelassen fühlte. Dies liegt nun hinter mir, trotzdem ist es nicht immer einfach darüber zu sprechen. Besonders da auch heute noch finanzielle Schwierigkeiten von früher vorhanden sind. Damalige Kosten belasten mich auch heute noch, etwa für die Anwälte, die wir benötigt haben. Aber eins nach dem anderen.

Bevor ich über die Zusammenarbeit mit der sozialpädagogischen Familienunterstützung sprechen werde, möchte ich kurz auf die Vorgeschichte und Vorerfahrungen meiner Familie mit der Sozialen Arbeit eingehen. Dadurch soll die gesamte Geschichte verständlicher werden. Zu beachten ist, dass ich hier in Kürze Ereignisse schildern werde, welche sich über einige Jahre erstreckten, damit die Komplexität dahinter erfasst werden kann. Ich bin Mutter von zwei Kindern. Julian ist mittlerweile siebzehn und Laura zwölf Jahre alt, das habe ich ja schon gesagt. Begonnen hat alles in etwa vor neun Jahren. Damals hat Julian, obwohl er noch schulpflichtig war, sich geweigert weiterhin die Schule zu besuchen. Andere Eltern denken, sie kennen diese Situation womöglich. Viele Kinder haben Tage, an denen sie nicht zur Schule wollen. Doch bei Julian waren es nicht Tage, sondern Monate. Es war kein Raunzen und dann doch hingehen. Nein. Julian wollte, konnte und tat es auch nicht. Er blieb der Schule fern. Es war uns nicht möglich, ihn irgendwie zu mobilisieren, überreden oder motivieren. Er wollte nicht mehr zur Schule gehen.

Mir fiel auf, dass er allgemein häufig sehr träge war und machte auf mich teilweise einen depressiven Eindruck. Auch das Verhältnis zwischen meinem mittlerweile Ex-Mann und mir wurde immer schlechter. Zusammenhalt war kaum gegeben. Gewalt war leider einer unserer Wegbegleiter. Ich beschloss mit Julian und Laura auszuziehen, um meine Kinder und mich zu schützen. In dieser Zeit geschahen viele Dinge, die ich hier nur kurz erläutern möchte, damit die Geschichte an Vollständigkeit gewinnt. Julian war zwei Mal stationär in einer psychiatrischen Klinik aufgenommen und verbrachte eine Zeit lang im Krisenzentrum. Die Schule besuchte er in diesem Zeitraum weiterhin nicht. Jedes Mal aufs Neue hatte ich Hoffnung, dass sich die Situation dadurch verbessern würde, obwohl ich es für traurig und für fragwürdig hielt, meinen Sohn von Zuhause wegzugeben. Doch am Ende meiner Kräfte angelangt, willigte ich ein, mit der Hoffnung auf Veränderung. Ich fühlte mich wie zusammengequetscht. Dem Druck von unterschiedlichsten Seiten standzuhalten, war kräfteraubend und nahm mir die Luft zum Atmen. Sowohl mein Ex-Mann, als auch das Gericht übten immer und immer wieder Druck auf mich aus. Ich hatte keinen Raum mehr klar zu denken und fühlte mich ständig unter Strom, aber gleichzeitig auch leer und kraftlos.

Meine Tochter Laura hatte nie Probleme die Schule zu besuchen, ganz im Gegenteil. Ich ziehe den Hut vor ihr, dass sie diese schwierige Zeit so gut überstanden hat. Auf Grund der Schulverweigerung meines Sohnes waren wir, insbesondere ich, in Kontakt mit dem Jugendamt und sämtlichen Behörden und anderen Einrichtungen. Noch dazu kam die Scheidung, welche ebenfalls nicht spurlos an mir vorüberging. Es war eine Zeit, die mich sehr viele Nerven gekostet hat. Ich lag nächtelang wach, wusste nicht mehr weiter und war, das kann ich heute sagen, teilweise am Ende meiner Kräfte. Das Gefühl, alleine zu sein, alleine mit all diesen Problemen, das kostete Kraft, Kraft die mir allmählich auszugehen schien. Viele Versuche, Julian wieder für die Schule zu motivieren, scheiterten. Ich suchte mir Hilfe am Jugendamt. Voller Hoffnung, dass diese mir weiterhelfen können. Doch leider folgte für mich nur Enttäuschung. Es wurde mir gedroht, dass mir meine Kinder weggenommen werden müssten, würde sich die Situation nicht ändern.

In mir brach Panik aus. Angst und Verwirrung. „Warum sollen mir meine Kinder weggenommen werden? Ich suche mir doch schon Hilfe! Ich sehe doch schon, dass ich alleine nicht mehr weiterkomme! Ist das die Hilfe? Mir meine Kinder wegzunehmen? Oder mir mit Bußgeld zu drohen, obwohl ich kaum noch weiß, wie ich die nächste Rechnung bezahlen kann?" Für mich lief hier einiges nicht richtig. Ich fühlte mich nicht unterstützt, sondern eher das Gegenteil war der Fall. Alleine, das trifft es gut. Ich war alleine. Im Stich gelassen und alleine mit meinen Sorgen und Problemen. Damals begann der Kontakt zu einem Psychotherapeuten. Dieser sollte eigentlich Julian unterstützen. Jedoch klappte die Zusammenarbeit zwischen den beiden nicht so gut. Ich merkte jedoch, wie dringend auch ich jemanden brauchte und somit war Dr. Z. eine Riesenstütze für mich. An Julians Situation änderte sich leider nicht viel. Er weigerte sich weiterhin die Schule zu besuchen. Wir, also Julian, Laura und ich, sind dann gemeinsam umgezogen. In eine andere Stadt, einen anderen Bezirk, zu meinem jetzigen Lebensgefährten. Durch den Umzug änderte sich auch die Zuständigkeit des Jugendamtes und unseres ehemaligen Therapeuten. Dadurch lerne ich neue SozialarbeiterInnen kennen und nach kurzer Zeit begann unsere Zusammenarbeit mit der sozialpädagogischen Familienunterstützung.

Ich fühlte mich hier am Jugendamt wohler und aufgehobener als zuvor. Ich hatte das Gefühl, als wäre es hier familiärer und es würde darauf geachtet werden, dass die Hilfe in der Familie stattfindet und nicht außerhalb. Durch das Jugendamt bekamen wir Kontakt zu jener Einrichtung, welche sozialpädagogische Familienunterstützung anbot. Als die Zusammenarbeit begann, hatte Julian wieder eine Phase, in welcher er kaum das Haus verließ und sich nur in seinem Zimmer verkroch. Ich würde es als einen „guten" Tag bezeichnen, wenn er zum Mittagessen kam. Dann war es so weit und zum ersten Mal besuchte uns der zuständige Sozialarbeiter, welcher gleichzeitig auch als Therapeut tätig ist. Für mich war dies keine neue Situation, da früher schon häufig SozialarbeiterInnen vom Jugendamt bei uns Zuhause waren. Es ist schon etwas eigenartig, wenn eine fremde Person die eigenen vier Wände betritt. Ich kann mir vorstellen, dass dies für manche Leute nicht einfach ist. Anfangs war es das auch für mich nicht. Es kostet Überwindung und häufig dauert es lange, um überhaupt Hilfe zu suchen und diese anzunehmen. Manche haben vielleicht Scheu davor. Für mich zählt der erste Kontakt beziehungsweise der erste Eindruck sehr viel. Da merkt man oft schon, ob es für eine passt oder nicht. In diesem Fall war der erste Eindruck, den der zuständige Sozialarbeiter auf mich gemacht hat, ein sehr guter.

Mir war es wichtig, Julian durch die Zusammenarbeit wieder zu mobilisieren, dass er wieder aktiver wird und wieder die Kraft hat, um aus seinem Bett zu kommen. Die Familienunterstützung war sowohl für Julian als auch für mich von besonderer Bedeutung. Herr W., der Sozialarbeiter, hat sowohl mit mir Gespräche geführt als auch mit Julian zusammengearbeitet. Mein Sohn hatte bereits mit vielen unterschiedlichen SozialarbeiterInnen, TherapeutInnen und ÄrztInnen Kontakt, doch ich hatte das Gefühl, Herr W. war ihm sympathisch.

Sie müssen sich die Anfänge der Zusammenarbeit zwischen Julian und Herrn W. so vorstellen: Julian lag mit der Decke bis zu seinem Kopf im Bett. Die Kommunikation zwischen ihm und Herrn W. begann ganz banal mit Fragen wie: „Julian, kannst du mich hören? Dann beweg bitte deinen Fuß." Ich selbst war nicht dabei und kenne dies nur aus Erzählungen, aber es hat lange gedauert, bis Julian bereit war, aktiv mitzuarbeiten und mit Herrn W. zu sprechen. Alle vierzehn Tage wurde ein Termin vereinbart, in welchem die TherapeutInnen oder SozialarbeiterInnen uns besuchen kamen, je nachdem. Insgesamt waren es zwei Personen, Herr W. und Frau K. Julian baute nach und nach Vertrauen zu den beiden auf und auch gelangen Fortschritte. Er verließ das Haus wieder und wurde aktiver. Natürlich nicht von heute auf morgen, aber es gelang durch zwei Jahre intensive Zusammenarbeit.

Aber ich kann besser aus meiner Sicht beschreiben, wie sich die Arbeit mit Herrn W. und Frau K. für mich gestaltete. Mit Herrn W. habe ich viele Gespräche geführt, wenn er uns besuchte. Er gab mir das Gefühl, dass er mich und das was ich tue schätzt. Das hat mir, in einem System, in welchem ich häufig als eine Mutter, die nichts auf die Reihe bekommt, angesehen wurde, sehr gut getan. „Schau, die schafft es nicht einmal, dass ihr Sohn in die Schule geht." Oder: „Als Mutter muss man das ja können." Ich habe mir häufig ausgemalt, was andere über mich denken.

Gespräche auf einer Ebene der gegenseitigen Wertschätzung und Achtung zu führen, das gehörte zu den wirklich unterstützenden Dingen für mich. Die beiden haben eine Menge an Eigenschaften mitgebracht, welche für mich persönlich bei Leuten in helfenden Berufen besonders wichtig sind. Das ist von Person zu Person unterschiedlich, aber für mich sind Verständnis, Geduld, eine gewisse Konsequenz und eine unheimliche Liebe zu Menschen von großer Bedeutung. Vor allem in unserem Fall ist auch Konsequenz wichtig gewesen. Denn als Mutter fehlt einem manchmal die Kraft, um konsequent zu agieren. Aber gleichzeitig ist eine gewisse Distanz wichtig, weil sonst frisst einen die Liebe zum Menschen möglicherweise auf.

Es gab Situationen, in denen wusste ich nicht mehr weiter. Panik brach in mir aus und in meinem Kopf war reinstes Durcheinander. Doch auch in diesen Situationen war ich jetzt nicht mehr ganz alleine. Ich konnte immer meine, ich nenne sie „Notruf-Nummer" anrufen. Herr M. und Frau K. waren klarerweise nicht immer erreichbar, jedoch konnte ich mich darauf verlassen, dass sie mich zurückrufen würden. Sie schafften es am Telefon mich wieder zu beruhigen und meine Gedanken zu ordnen. Die Panik entstand meistens, da sich ein riesengroßes Gestrüpp an Gedanken ineinander verflochten hat. Da brauchte ich jemanden, der mir half, diese wieder zu sortieren und anschließen Prioritäten zu setzen. Damit ich wieder Schritt für Schritt und in Ruhe weiter handeln konnte. Ich habe gemerkt, dass dieses Ordnen etwas ganz Wichtiges und Wesentliches ist. Denn wenn jemand so tief in einem Loch steckt, schafft man es teilweise nicht mehr alleine, die Ordnung im Kopf wiederherzustellen und noch weniger kann diese dann praktisch umgesetzt werden.

Im Gegensatz zur Hilfe, welche ich davor erlebt habe, muss ich sagen, dass die Verknüpfung hier zwischen dem Jugendamt und der Einrichtung sehr gut funktioniert hat. Das sind wesentliche Dinge, damit das System gelingen kann. Denn häufig fehlte es mir an diese Verknüpfung in anderen Einrichtungen oder auch an der Transparenz. „Welche Aufgabenbereiche werden von wem abgedeckt?" Ist diese Frage nicht geklärt, kann es dazu kommen, dass viele Dinge und Schritte erwartet werden, welche jedoch möglicherweise gar nicht mehr im Aufgabenbereich der Person liegen.

Hier möchte ich auch allgemein sagen, dass ich mir in all den neun Jahren eine Person gewünscht hätte, welche im Vorhinein schon Informationen einholt und schaut, wo welche Hilfe angeboten wird und bereits Verbindungen herstellt und dies somit der Familie abnimmt. Denn es ist für mich ein riesen Kraftakt – auch emotional – gewesen, mich ständig irgendwo zu informieren und nach Hilfe zu suchen. Ich glaube, dass hier auch viele andere Leute aufgeben, weil es in solch einer schwierigen Situation zu viel Kraft kostet, sich konkret umzuschauen und eine Übersicht zu gewinnen. Doch das hat mehr mit dem allgemeinen System zu tun und geht nicht an die Einrichtung. Ich war sehr zufrieden und kann nur Lob an diese Organisation geben.

Schade fand ich, dass die Zusammenarbeit gerade dann, als Julian aus sich herauskam und bereit war wieder aktiver zu sein, beendet wurde. Das liegt nicht an der Einrichtung, sondern daran, dass keine weitere Bewilligung für die Unterstützung möglich war. Hier hätte ich mir noch weiterhin Zusammenarbeit gewünscht. Ich bin froh, dass wir die sozialpädagogische Familienunterstützung in Anspruch nehmen konnten. Ich fühlte mich nicht allein gelassen, wie zuvor so oft. Auch meinem Lebensgefährten bin ich über alles dankbar, der mir in so vielen schwierigen Situationen beigestanden hat. Denn häufig habe ich schon erlebt, dass sich das Umfeld von einem abwendet und sich nicht einmischen möchte, was sehr enttäuschend sein kann. Natürlich weiß ich auch, dass man mit solchen Situationen auch das Umfeld belastet. Wenn sich aber alle abwenden, dann kommt man auch selbst nur mehr schwer heraus. Da bin ich froh, dass ich einige Leute hatte, die uns, meinen Kindern und mir, beigestanden sind. Zusammen mit diesen Leuten und der Unterstützung des Jugendamtes und der Einrichtung haben wir es geschafft und konnten wieder Kraft aufbringen, unser Leben selbst in die Hand zu nehmen.

Ich bedanke mich bei Frau K. für ihre Zeit sowie das ausführliche Erzählen ihrer Geschichte und verabschiede mich von ihr und der Hundedame. Am Weg zurück zum Auto empfinde ich unzählige von unterschiedlichsten Gedanken und Emotionen in mir. „Wie stark ist diese Dame! Die gesamte Familie!“, denke ich bewundernd. Die Geschichte bewegte mich, das war mir klar. Die gesamte Autofahrt, welche über eine Stunde lang dauerte, waren meine Gedanken noch immer gefesselt an das gemeinsame Gespräch. Dankbar, dass es Menschen gibt, die derart offen mit ihrer Situation umgehen und diese auch erzählen und gleichzeitig schon in Gedanken bei der Schwierigkeit, all diese Informationen und Gefühle auf Papier zu bekommen. Ich steige aus dem Auto und gehe zum Training, um meine Gedanken wieder ein Stück freizubekommen.

Da müssen wir jetzt durch

REGINA HANKE-ZINGERLE

Hmmm, um zu erzählen, wie das für mich war, muss ich ausholen und erzählen, wie es eigentlich begonnen hat. Ich bin selbst zum Jugendamt gegangen, weil ich nicht mehr gewusst habe, was ich machen soll oder wie es weitergehen kann. Aber um das zu verstehen, muss ich ein wenig von der Vorgeschichte erzählen. Meine Tochter war da etwas über zehn Jahre alt und sie hat plötzlich begonnen nicht mehr in die Schule zu gehen. Sie 1ammerte in der Früh über Bauchweh und Kopfweh. Und so haben wir sie halt tageweise zu Hause gelassen. Zu dem Zeitpunkt musste sie ein Medikament wegen Verstopfung nehmen und wir dachten, vielleicht kommt das von den Nebenwirkungen. Dann ist sie tageweise zu Hause geblieben und dann schon auch wieder in die Schule gegangen. Aber sie war verändert, man hat gemerkt, da stimmt was nicht. Irgendwie hat es noch funktioniert, bis dann der Punkt gekommen ist, wo sie dann gar nicht mehr in die Schule gehen wollte. Wir sind eigentlich davor gestanden oder im Auto gesessen und sie wollte nicht mehr hinein. Sie hat zum Weinen begonnen. Das war ganz schlimm.

Der nächste Schritt war, dass sie zu Hause nicht mehr aufstehen wollte. Sie ist liegen geblieben, hat so getan als würde sie noch schlafen, hat es hinausgezögert. Und dann haben wir sie wieder zu Hause gelassen. Zwischendurch hat es dann doch auch wieder funktioniert. Wir haben natürlich Kontakt mit den ProfessorInnen aufgenommen, die haben gefragt: „Was ist denn los?" Es gab keine Hinweise, dass es in der Schule irgendwelche Vorkommnisse gab, um hier einen Zusammenhang festzustellen. Dann gab es weiter so ein hin und her, zwischendurch hat es funktioniert und dann wieder nicht. Das ist zwei, drei Monate so gegangen. Bis dann eben der Punkt gekommen ist, wo es komplett aus war. Sie blieb ganz zu Hause.

Wir waren dann bei der Kinderärztin, die kennen wir schon sehr lange, die hat mit ihr ein Gespräch geführt. Sie hat gesagt: „Schau her, du musst in die Schule gehen!" Es hat sich aber nicht wirklich gebessert. Dann hat man gesagt: „Ok, vielleicht liegt es an der Schule, vielleicht ist der Druck zu groß, vielleicht sollten wir die Schule wechseln." Meine Tochter wollte zu dem Zeitpunkt aber nicht, sie wollte weiterhin dorthin gehen, das war ja eigentlich ihre Wunschschule. Es hat sich dann so bis Mitte Dezember gezogen. Da haben dann die Lehrer gemeint, ok, das Semester ist jetzt durch – weil Noten sind ja keine da gewesen –, was machen wir da? Na gut, also Schulwechsel. Plötzlich wollte meine Tochter auch einen Schulwechsel. Wir sind dann in eine KMS oder WMS – ich weiß nicht genau, wie dieser Schultyp heißt, so ein Mittelding zwischen Gymnasium und Hauptschule. Dort ist sie dann zum Halbjahr eingestiegen und hat bis zum Schulschluss keinen einzigen Tag gefehlt! Sie hat das komplette Jahr positiv abgeschlossen, ganz ohne Probleme, sie ist ja eigentlich eine Wiffe.

Vergessen habe ich zu erwähnen, dass wir auch bei einer Kinderpsychologin waren, das war ganz schön weit weg. Aber ich habe gesagt, mir ist das jetzt egal, wir fahren jetzt die fünf, sechs, sieben Mal dort hin. Es wurden dann doch zehn Besuche. Dort wurden Testungen gemacht und da ist dann eine Angststörung raus gekommen. Und dass sie gar keine Kontakte zu anderen Kindern hat, sie hatte alles abgebrochen, was vorher war.

Sie hat, wie gesagt, das Schuljahr positiv abgeschlossen, dann waren die Ferien. Als die dann zu Ende gingen, in der letzten Woche, ist sie ruhiger und nachdenklicher geworden. Wenn wir sie gefragt haben, was los sei, hat sie gesagt, es sei eh alles in Ordnung. Na, dann war Schulbeginn, wir haben gestartet. Es hat circa eineinhalb Wochen funktioniert, dann hat mich der Lehrer dort einmal am Vormittag angerufen und gefragt, ob ich meine Tochter holen kann, sie habe Kopfschmerzen oder Bauchschmerzen, ich weiß es nicht mehr. „Ja, kein Problem, ich hole sie gleich." Ich dachte im ersten Moment, das könnte ja wirklich sein. Das war halt natürlich auch wieder so eine Ausrede, weil es hat dann wieder begonnen mit der Schule, dass sie da nicht mehr hin gehen wollte. Dann ging es eigentlich sehr schnell, sie ist dann wieder in das alte Muster gefallen.

In der Zeit ist sie nur zu Hause gesessen und hat eigentlich schon ein volles Programm gemacht. Also in der Früh, das war ihr ganz wichtig, aufstehen in der Früh um 6:00 Uhr. Sie war ja wirklich beleidigt, wenn man sie zehn, 15 Minuten später aufgeweckt hat. Danach hat sie manches Mal ein bisschen fern geschaut und dann hat sie zum Backen begonnen. Also das war fanatisch, ich habe eine Küchenmaschine gekauft und sie hat mit Rezepten fast den ganzen Tag gebacken. Sie hat alles durchprobiert, wirklich unglaublich war das. Sie hat auch andere Sachen gemacht, gebastelt mit Fimo, so heißt das glaube ich, da kann man was basteln und dann aushärten. Also wie gesagt, sie hat eigentlich immer ein volles Programm gehabt. Das einzige, was dann noch dazu gekommen ist, ist das Essen. Sie hat dann Essen reduziert. In der Früh gefrühstückt und dann gegen 10:00 Uhr hat sie zu Mittag gegessen. Das wollte sie so und das war es dann eigentlich. Sie hat dann den ganzen Tag nichts mehr gegessen. Das war das nächste Problem.

Wir haben mit der Kinderärztin Rücksprache gehalten, die hat uns ihre Tochter, eine Kinderpsychologin, empfohlen. Wir kennen die Kinderärztin schon sehr lange und waren immer zufrieden und die Tochter war zufällig im selben Gebäude. Auch mit der Schule haben wir Rücksprache gehalten. Wir haben uns dann ausgemacht, dass sie dann, wenn es gehe, kommen solle und wenn nicht, solle sie halt zu Hause bleiben. Ich bin dann zwei, drei Mal in der Woche hingefahren und hab den Lernstoff geholt. Das heißt, wir haben zu Hause gelernt, Aufgaben gemacht, Test geübt und so weiter. Das haben wir dann ausgetauscht, die Lehrer haben das angeschaut und es war eigentlich immer so ein Hin und Her. Das war eigentlich ideal, zu Hause alles nachzuholen. Die LehrerInnen waren da sehr kooperativ. Obwohl sie schon immer gesagt haben, dass wir sie in eine betreute Schulform geben sollten. Das wollten wir aber nicht, weil wir immer geglaubt haben, dass sie das auch so wieder zurück schaffen wird. Ja wir sind eh zur Therapeutin gegangen, aber das braucht halt eine Zeit bis das greift. Sie ist dann wirklich ein paar Mal zur Schule hingegangen und hat Tests und Schularbeiten positiv mitgemacht. Alle waren eigentlich überrascht, sensationell muss man da sagen. Aber natürlich, alle wollten sie über das Jahr bringen. Aber ich sage auch, ja sicher, wenn man ein Jahr verliert, na mein Gott, das ist jetzt auch kein Drama.

Eigentlich ist sie aber zu diesem Zeitpunkt schon gar nicht mehr in die Schule gegangen. Das heißt im September war Schulbeginn und es war dann aber im Oktober wieder so weit, dass sie nicht mehr in die Schule gegangen ist. Dann haben wir dort mit der Schulärztin einmal ein Gespräch gehabt, wo die dann natürlich angefangen hat so zum Erzählen, wegen Essstörung und so weiter, Bulimie und Anorexie und so. Da hat man eigentlich erst bemerkt, dass da sehr vieles auf das Kind zutrifft. Da habe ich gesagt, ja sie war eigentlich immer sehr schlank und ihre Schwester ist heute zwanzig Jahre und hat auch zu wenig Gewicht. Meine Frau ist schlank und ich bin eigentlich auch der schlanke Typ. Also, dass sie nach dem Essen auf das Klo geht und sich übergibt, das kann ich ausschließen, da hab ich Nein gesagt. Aber, dass sie mit dem Essen natürlich Probleme macht, das war ja zu dem Zeitpunkt schon bekannt. Ich sagte, das gibt es ja normalerweise nicht, das kann ja nicht sein, dass man so Angst vor dem Essen hat, oder?

Dann ist der Zeitpunkt gekommen, wo ich gefunden habe, man muss irgendwas machen. Aber das war so ziemlich zeitgleich, wo ich dann am Jugendamt war und wissen wollte, ob es da irgendeine Hilfe, eine Unterstützung gibt, wo man hingehen kann. Die Schule hat zwischenzeitlich auch Meldung beim Jugendamt gemacht, obwohl der Grund eigentlich ein anderer war. Die Schule hat gesagt, sie hätte massiv an Gewicht verloren.

Das stimmte eigentlich nicht, sie hatte nach wie vor ihr Gewicht, so wie es halt war. Sie hatte nie mehr Kilo wie zu diesem Zeitpunkt. Sie hatte halt nichts zugenommen, was natürlich auch schlimm war.

Ja, dann war natürlich das Jugendamt bei uns zu Hause. Das Ganze ist eigentlich erst so richtig losgegangen, weil die gesagt haben: „Erstens, du musst in die Schule gehen – das ist wichtig für dich und zweitens natürlich, das Gewicht ist auch bedenklich." Weil sie hatte einen BMI von knapp unter 12, ich glaube, die Norm ist so 19, 20. Wie wir dann den ersten Besuch von den Damen von Jugendamt bekommen haben, das war schrecklich. Meine Frau und meine Tochter hatten so große Angst, dass sie einfach mitgenommen wird. Ich hatte diese Angst auch, habe aber, durch meinen Besuch vorher schon, erfahren, dass das so nicht mehr abläuft. Aber meine Tochter und meine Frau konnte ich nicht beruhigen, die waren voll fertig. Nein, hab ich gesagt, es wird nichts passieren, die kommen nur, um mit uns zu reden, du wirst da bleiben und sie nehmen dich sicher nicht mit. Also, keine Angst. Aber das hat nichts genutzt.

Im Gespräch wurde eine ärztliche Kontrolle im Krankenhaus gefordert. Als die Sozialarbeiterinnen vom Jugendamt dann gegangen sind, habe ich zu ihr gesagt: „Schau, du bist immer noch da!" Sie ist dann aber trotzdem ganz schnell mit ihrem Hund spazieren gegangen. Und wir haben sie mal gelassen. In der Nähe unseres Wohnortes befindet sich ein Wald. Als sie längere Zeit nicht zurückkam, hatte ich doch ein ungutes Gefühl und bin ihr nachgegangen. Ich hatte keine Ahnung, ob sie mich gesehen hatte. Sie versteckte sich im Wald und wollte einfach nicht mehr Heim. Ich versuchte sie zu beruhigen und wieder nach Hause zu bringen. Mir war dann schon so kalt, aber keine Chance, sie wollte nicht. Der Druck, dass sie sofort mitgenommen werden würde, war zwar weg, aber der andere, etwas machen zu müssen, war dann da. Es hat über eine Stunde gedauert, bis ich es dann geschafft habe, sie wieder Heim zu bringen. Sie hat fürchterlich geweint und das war wirklich eine Arbeit das Gespräch. Das nächste Ding war halt, dass sie nun ins Spital musste.

Das Jugendamt hat uns mehr oder weniger sofort ins Krankenhaus geschickt, um einen gesundheitlichen Check zu machen. Sie haben gesagt, das müsst ihr sofort machen. Da bin ich mit ihr hingefahren und habe natürlich auch nicht gewusst, was auf uns zukommt. Die Nacht davor war für mich fürchterlich. Unsere Sorge war, dass sie gleich ganz dort bleiben müsse. Sie hat ja gar nichts davon gewusst, meine Tochter, wir haben sie unter einem Vorwand dorthin gebracht. Sie wollte ja vorher schon nicht mehr zur Kinderärztin gehen. Meine Frau wollte schon früher, dass sie einmal ein Blutbild machen sollte. Und meine Tochter hatte gesagt, sie gehe nicht mit und fertig. Es war unmöglich sie auf normalem Weg dorthin zu bringen. Sie einfach schnappen und hin tragen, das konnte ich nicht machen, das wäre fürchterlich.

Als wir dann im Krankenhaus einen Termin hatten, erwischten wir wirklich eine ganz nette und tolle Ärztin. Wir haben beim Erstgespräch unsere Geschichte erzählt. Sie meinte, meine Tochter gehe halt nicht in die Schule, weil sie eben Angst habe.

Und weil sie auch Angst hatte vor dem Erbrechen, deswegen aß sie auch immer weniger. Einmal hatte sie als Kind in der Nacht erbrochen und von da an hatte sich ihr Essverhalten schon verändert. Aber nicht so extrem, wie es dann zum Schluss war. Sie ist wirklich dort gesessen und hat Erbsen geschält, hat die Haut weggegeben und hat dann nur die Erbsen gegessen und dann auch nur vier, fünf Stück. Sie hat nicht einmal Besteck genommen. Sie hat das Fleisch genommen, hat es gerissen in kleine Stücke. Dafür hat sie eine Stunde gebraucht, damit sie irgendwas isst. Wirklich schrecklich war es von ihrem Verhalten her, da hat sie sich schon sehr verändert, aber ich könnte nicht sagen, wo jetzt die Schuld liegt.

Dann ist es losgegangen im Krankenhaus mit den ganzen Untersuchungen: Herzultraschall, EKG, Blutbefund, MRT vom Kopf, alles, um zu sehen, dass noch kein organischer Schaden vorhanden war. Es war dann auch alles in Ordnung. Dann hatten wir so zirka zweimal die Woche einen Termin, um das Essverhalten zu dokumentieren und zu beobachten. Da hat es dann geheißen, wir sollten das Essen ein bisschen verlagern, ein bisschen steigern und so weiter. Wir haben dann Essensprotokolle geführt und meine Tochter wurde dann bei den Terminen immer abgewogen. Sie hat dann schon etwas zugenommen, aber nur so zehn, zwanzig Deka. Das Höchste war einmal 70 Deka. Da haben wir alle gesagt: „Wahnsinn!!“ Wir haben dann das Essen immer so ein bisschen steigern können, eine Zwischenmahlzeit da, etwas Süßes dazu. Der nächste Schritt war dann am Nachmittag vielleicht mal ein paar Löffel klare Suppe.

Das mit der Schule war ja auch noch immer Thema. Sie haben gesagt, sie müsse in die Schule gehen. Aber wie sollten wir das machen? Sie hat es dann dort immer versprochen, aber es hat nie so richtig funktioniert. Sie sagte immer: „Nein, ich schaffe es nicht.“ Was es auch immer war, dass es halt nicht ging. Die Einrichtung vom Krankenhaus, wo dort die Kinder in die Schule gehen, das war dann unsere Option. Für uns und ich glaube auch für sie, wäre das sehr schlimm gewesen, wenn sie auch dort schlafen hätte müssen. Wir hatten auch das Gefühl, dass da dort ärgere Fälle aufgenommen wurden und wir haben uns gesorgt, ob sie nicht etwas Negatives davon anziehen könnte. Es war dann auch möglich in der Früh zu kommen und am Abend wieder nach Hause zu gehen. Für sie war das in jedem Fall angenehmer, für uns nicht so, weil das Krankenhaus doch sehr weit entfernt war, und wir sie immer bringen und abholen mussten.

Aber da müssen wir jetzt durch. Das ist jetzt so.

Dann hat es einen Termin gegeben, da waren sämtliche Leute, die meine Tochter betreuen: ÄrztInnen, PsychologInnen, wir Eltern, die Lehrerin von der dortigen Station, zwei Sozialarbeiterinnen vom Jugendamt und dann noch eine dritte Person vom Jugendamt, das nennt sich glaube ich „Mobile Hilfe“. Meine Tochter war dort, sogar die große Tochter auch. Das war ein riesiger Termin, ich weiß nicht, so an die zehn Leute im Zimmer. Das Gesundheitliche war ok, daher ging es dann um die Schule. Sie solle schon mit Semesterbeginn dort direkt im Krankenhaus anfangen. Für meine Tochter war das ganz schlimm und sie hat gesagt, sie wolle das nicht. Dann hat sie dort versprochen, sie gehe wieder in die normale Schule. Die haben dann sogar angeboten, dass sie den Hund mitnehmen könne, wenn es ihr helfe. Und so haben wir dann wieder begonnen mit einer Stunde Schule pro Tag. Und haben das dann etwas gedehnt. Mehr als drei, vier Stunden waren aber nicht möglich und ich musste anfänglich immer in der Nähe bleiben. Erst nach einiger Zeit durfte ich das Schulgebäude verlassen und im Auto warten oder spazieren gehen.

Aber ich habe immer dort sein müssen in den Pausen, sie wollte das so. Von einem Abschluss war zu dem Zeitpunkt eh keine Rede mehr, aber der Klassenvorstand hat für sie gekämpft bis zum Schluss. Irgendwann habe ich gesagt, dass wir uns vielleicht alle nichts Gutes tun. Ich kann meine Tochter eigentlich ganz gut aufbauen, einmal ist sie bei mir am Sofa am Schoß gesessen und hat geweint. Sie war fürchterlich arm und ich konnte sie dann wieder in die Spur bringen. Aber wie sie dann im Bett war irgendwann in der Nacht, überkam mich die ganze Geschichte und ich musste auch weinen. Das war fürchterlich für mich, eine schlimme Nacht. Wie arm ist dieses Wesen eigentlich, habe ich mir gesagt, und ich hätte nie geglaubt, dass es so schlimm wird. Die Nacht vor dem ersten Termin im Krankenhaus habe ich auch nicht schlafen können, weil da sind auch immer diese Gedanken gekommen.

Im Krankenhaus hat sich die psychologische Hilfe zu Beginn schon etwas gezogen, ich habe gleich beim Erstgespräch gesagt, weil die immer von einer Essstörung ausgegangen sind, dass das ja von der Angstseite her komme. Und dass sie da halt auch Unterstützung brauchen würde. Das hat dann auch gedauert, bis die Ärztin und das Jugendamt sich vernetzt hatten. Das Krankenhaus brauchte auch so eine Anweisung und beim Jugendamt musste ich etwas unterschreiben. Meine Frau hat gesagt, nein das unterschreibe ich nicht und es hat ihnen dann gereicht, dass nur ich, also nur ein Elternteil, es unterschrieben hab. Es steht eigentlich eh nur das drinnen, was wir uns ausgemacht haben, nicht mehr, und da habe ich kein Problem damit.

Mittlerweile war dann bald wieder Schulbeginn und weil meine Tochter versichert hat, „Ich gehe in die Schule, ich gehe in die Schule!“, dachten wir, sie werde in ihre Schule gehen. Aber dann haben wir einen Anruf vom Krankenhaus bekommen, dass sie nun dort aufgenommen werde. Wir waren total überrascht und waren uns sicher, dass das vom Jugendamt komme. Und als ich dort nachfragte, wurde das verneint. Später haben wir erfahren, dass das die Ärztin vom Krankenhaus alleine entschieden hat und wir haben halt so davon erfahren. Da die Klassengröße in der Einrichtung im Krankenhaus viel kleiner ist, war dann meine Tochter auch damit einverstanden. Also sie hat so bis 12:00, 13:00 Uhr Schule und dann am Nachmittag Psychotherapie: Gruppentherapie und Einzeltherapie, Ergotherapie, Physiotherapie und so weiter. Von Montag bis Freitag, von 8:00 bis 16:30 Uhr.

Seit sie nun teilstationär dort ist, gibt es auch vom Krankenhaus einmal wöchentlich eine Begleitung von einer Sozialarbeiterin. Das nennt sich Familientherapie. Wir gehen da getrennt hin, meine Frau und ich. Ich gehe dort gerne hin, denn ich bringe die Frau zum Lachen, habe ich gemerkt. Das gefällt mir, das gibt mir auch etwas. Ich besuchte auch einen Workshop über Essstörungen, der vom Spital veranstaltet wurde und zehn Termine beinhaltet. Das haben zwei Ärztinnen der dortigen Station geleitet. Da haben wir viele Informationen über Essstörungen bekommen, aber das Wichtigste war die Möglichkeit zur Vernetzung mit anderen Angehörigen. Da gab es schon Einige, die sich selbst Vorwürfe gemacht haben. Ja, sicher, ich frage mich auch manchmal, was ich falsch gemacht habe und was da passiert ist. Ich meine, ich bin auf nichts drauf gekommen und so denke ich mir halt, ja ok, ist halt so. Das ist dann so ähnlich, wie wenn Einer eine Krebserkrankung bekommt. Der wird sich dann auch fragen: „Warum ich und wie gehe ich damit um?“ Schicksal halt, das Beste daraus machen.

Vom Gesundheitlichen, vom Gewicht her geht es ihr jetzt etwas besser und sie geht dort in die Schule. Sie kann denen auch nicht so ausweichen, ist aber eh klar, dass sie zu Hause einfach mehr probiert, ob was geht oder nicht. Dort ist das halt nicht so.

Das ursprüngliche Team der Unterstützung vom Jugendamt wurde mittlerweile ausgetauscht. Die zusätzliche gemeinsame Betreuung für uns als Eltern gibt es noch immer, aber das wollte meine Frau dann irgendwann nicht mehr. Ich habe weiterhin Kontakt, aber mit viel größeren Abständen als früher.

Ja. Und das ist also meine Geschichte mit Sozialarbeit. Sie hat noch kein Ende. Und wenn das einmal kommt, steht es bestimmt in keinem Buch mehr.

Was ist normal, was ist extrem?

SARAH WENINGER

Es ist ein regnerischer Dienstag Vormittag. Ich packe meine Unterlagen zusammen und verlasse die Fachhochschule, um rechtzeitig beim vereinbarten Interviewtermin zu sein. Der Bus bringt mich direkt in die Wohnsiedlung, in der das Gespräch stattfindet. „Rrrring" – nach kurzem Warten öffnet Frau B. die Tür und ich gehe das Stiegenhaus hinauf in ihre Wohnung. Frau B. begrüßt mich freundlich und wir nehmen in der Küche auf einer gemütlichen Eckbank Platz. Es duftet herrlich nach Kaffee, der mir auch sofort angeboten wird. Bei einer gemeinsamen Tasse beginnt Frau B. ihre Geschichte zu erzählen: „Ich lebe mit meiner Tochter und meinem 19-jährigen Sohn Stefan in dieser Mietwohnung. Stefan ist sozusagen mein ‚Problemkind'." Sie ergänzt ihre ersten Worte, dass ihr Sohn schon immer ein sehr intelligentes, aber auch schwieriges Kind gewesen sei, doch so richtig begonnen hätten die Probleme erst, als sie sich von seinem Vater vor etwa acht Jahren getrennt habe. Der sei dann zurück nach Griechenland gezogen, wo er ursprünglich herkomme, und Frau B. war mit Stefan ganz allein.

„Sein Vater war durch die Trennung sehr gekränkt und benutzte damals unseren pubertierenden Stefan, um ihn gegen mich aufzuhetzen. Bereits zu dieser Zeit nahm ich den ersten Kontakt zu einer Sozialarbeiterin einer Beratungsstelle auf, welche jedoch damals keine große Unterstützung für mich war, da das Gespräch sehr einseitig verlief. Ich habe erzählt, sie hat zugehört, mir dann aber weder Tipps noch Ratschläge oder Sonstiges gegeben, wie ich mit der Situation umgehen soll. Es war also irgendwie, als würde ich gegen eine Wand sprechen, deshalb brach ich den Kontakt nach zwei Besuchen ab. Die angespannte Situation zwischen dem Kindesvater und mir verbesserte sich dann aber, als ich vor vier Jahren einen bösartigen Tumor bekam und das Risiko bestand, dass ich sterbe. Stefan war zu diesem Zeitpunkt bereits in einem Stadium, in dem er sowohl Zigaretten rauchte als auch Drogen konsumierte. Vor allem in der Zeit meiner Bestrahlung, war er eigentlich immer unterwegs und kam häufig erst in der Früh wieder nach Hause. Auch in der Schule ließ er immer mehr nach. Das ging so weit, dass er die fünfte Klasse des Gymnasiums wiederholen musste und wieder nicht durchkam. Ich hatte damals leider durch meine Krankheit weder die Kraft noch die Energie, um diesbezüglich mehr dahinter zu sein. Doch glücklicherweise fand er eine tolle Lehrstelle, in der auch zwei Jahre lang alles sehr gut verlief. Gleichzeitig lief es bei mir aber arbeitstechnisch schlecht, da mich die Firma, in der ich 13 Jahre lang beschäftigt war, nach meiner Krankheit grundlos gekündigt hatte. Vor zwei Jahren dann, als Stefan einen großen Streit mit seinem besten Freund hatte, durch den die Freundschaft abrupt beendet wurde, verlief die ganze Situation in eine völlig unerwartete Richtung. Stefan fing ab diesem Streit an, seine gesamte Zeit nur noch mit Moslems zu verbringen."

Die Haustüre öffnet sich. Man hört, wie jemand die Wohnung betritt. Frau B. springt auf und geht zur Türe. Eine männliche Stimme ertönt und ich bekomme ein kurzes Gespräch mit. Dann hört man die Haustüre erneut. Frau B. kommt zurück in die Küche und nimmt wieder Platz: „Das war Stefan, mein Sohn. Er hat etwas zu Hause vergessen. Aber zurück zur Geschichte. Er fing also an, seine gesamte Zeit mit Muslimen zu verbringen. Einige Monate danach offenbarte er mir dann, dass er zum Islam konvertieren möchte. Natürlich ist das voll und ganz seine Entscheidung, aber aufgrund der aktuellen Situation auf der ganzen Welt, dachte ich natürlich sofort an die Terrororganisation Islamischer Staat und hatte große Angst, dass diese Muslime meinen Sohn einer Gehirnwäsche unterzogen haben und ihn vielleicht radikalisieren wollten. Eine Woche nach dieser Offenbarung wurde ich in die Firma bestellt, in der Stefan als Lehrling im zweiten Lehrjahr beschäftigt war, da er sich dort unangemessen gegenüber einem Kollegen verhalten hatte. Natürlich ging es um Religion dabei. Spätestens zu diesem Zeitpunkt wusste ich, ich muss irgendetwas machen. Ich habe seinem Lehrmeister die ganze Situation erklärt und Stefan wurde für eine gewisse Dauer freigestellt, um uns die Möglichkeit zu geben, unsere Probleme in Ruhe lösen zu können. Ich schickte Stefan dann für zwei Wochen zu seinem Vater nach Griechenland, um währenddessen zu Hause recherchieren zu können, wohin ich mich wenden kann, was ich machen kann und vor allem wer mir mit meinem Problem helfen kann. Über das Internet wurde ich auf sehr viele Stellen aufmerksam und als Stefan wieder zurückkam, schlug ich ihm vor, ein Jugendzentrum zu besuchen, um dort mit einer Sozialarbeiterin zu sprechen. Er war dann auch dort und hat ein Gespräch mit einer sehr netten Sozialarbeiterin geführt, die ihm angeboten hat, er könne öfters kommen und mit ihr sprechen. Durch mein stundenlanges Einreden auf Stefan war er auch zwei oder drei Mal bei dieser Sozialarbeiterin, hat dann aber wieder abgeblockt und ist nicht mehr hingegangen. Auch bei einem Psychiater waren wir, der wiederum meinte, Stefan hätte womöglich eine Psychose, die er nicht verarbeitet habe und solle Medikamente nehmen. Gesagt, getan. Das ging auch ein paar Tage gut, bis Stefan dann plötzlich meinte, die Medikamente nicht zu brauchen, da er ja normal sei und nichts habe. Und zwingen kann man ihn natürlich auch nicht. Und weil es mir keine Ruhe ließ, war ich sogar mit der Polizei in Kontakt, die auf meinen Wunsch hin überprüfte, ob Stefan irgendeine Verbindung zum IS oder anderen terroristischen Gruppierungen hatte. Denn ich dachte mir, besser er sitzt hier im Gefängnis als irgendwo in Syrien. Diesbezüglich konnte jedoch weder bei meinen Sohn noch bei seiner Clique irgendeine Verbindung nachgewiesen werden. Aber trotzdem blieb meine Angst bestehen, da ich ja nichts über seine Leute wusste und auch nicht wusste, ob sie etwas im Schilde führten oder irgendetwas vorhatten mit meinem Sohn. Hinzu kam dann auch noch, dass Stefan kurz nach seiner Rückkehr in seine Firma aufgrund eines heiklen Vorfalles entlassen wurde. Das bestärkte wiederrum meine Angst, dass seine Clique auf ihn eingeredet hatte, um ihn dann ganz für sich zu haben und als eine Art Marionette einsetzen zu können. Nach und nach ist Stefan dann immer mehr seinem Religionswahn verfallen, er liest bis heute viel im Koran, wäscht sich und betet fünf Mal am Tag, isst kein Schweinefleisch mehr und nur noch Halal-Fleisch. Das würde mich ja alles nicht stören, es gibt ja auch positive Dinge, er trinkt keinen Alkohol mehr, raucht nicht mehr, nimmt keine Drogen mehr und ist viel hilfsbereiter als früher. Mich stört nur, dass er jedem seinen Glauben aufzwingen möchte und dass ich eben nicht weiß, wohin das alles führt.

Deshalb habe ich mich dann auch an das Frauenzentrum und an die Beratungsstelle Extremismus gewandt. In der Extremismus-Stelle war ich zwei Mal bei Anna, einer dort zuständigen Sozialarbeiterin. Anna war eine sehr nette und ruhige Person. Bei ihr hatte ich das Gefühl, dass sie mich wirklich ernst nimmt und sich für meine Probleme interessiert. Wir haben zusammen Listen gemacht, was sich genau verändert hat und ich habe alle arabischen Bücher von Stefan abfotografiert und ihr die Fotos geschickt. Sie hat diese dann an einen islamischen Theologen weitergeleitet, der dann ebenfalls Entwarnung gab und meinte, es handle sich um normale Religionsbücher. Durch die Hilfe von Anna fühlte ich mich zwar etwas erleichtert, trotzdem war es für noch immer sehr schwierig mit der extremen Veränderung meines Sohnes klarzukommen.

Dabei haben mir vor allem die vielen Gespräche mit der Sozialarbeiterin des Frauenzentrums, Birgit, sehr geholfen. Ich kann zwar nicht sagen, dass sich durch die Gespräche die Situation selbst verändert hat, aber dank des Frauenzentrums habe ich jemanden, bei dem ich mich ausweinen kann und mir aber auch gute Tipps und Ratschläge holen kann. Hätte ich die Unterstützung von Birgit nicht gehabt, wäre ich in vielen Situationen sehr überfordert gewesen und mit diesen wahrscheinlich auch nicht so gut umgegangen. Hilfreich war vor allem auch, dass mir Birgit immer gut zugeredet und mich aufgebaut hat. Das hat mir immer wieder Kraft zum Weitermachen gegeben, weil es mir zeitweise so vorgekommen ist, als hätte ich alles falsch gemacht und total versagt. Da kommen dann natürlich häufig Selbstzweifel hoch. Und diese Selbstzweifel nehmen einem SozialarbeiterInnen durch ihre Gespräche schon ein bisschen. Aufbauende Worte wie „Das haben Sie gut gemacht, dass Sie dahin gegangen sind oder dies und das gemacht haben", tun einfach gut. Dadurch weiß man dann, dass man doch mal das Richtige gemacht hat. Also ich kann wirklich sagen, dass die Besuche im Frauenzentrum sehr entlastend und hilfreich waren

Aber obwohl es heute mit Stefan schon wieder besser läuft, er zurzeit ein Überbrückungsjahr macht und sich danach wieder eine Firma sucht, in der er sein drittes Lehrjahr fertig machen kann, würde ich mir eigentlich wünschen, dass mein Sohn zu einer Sozialarbeiterin geht, die regelmäßig auf ihn einredet. Vor allem weil SozialarbeiterInnen das Wissen, die Ausdauer und die Kraft haben, um ihn eher bereden zu können als ich. Und weil ich wie gesagt zeitweise wirklich denke, dass die Clique meines Sohnes eine Gehirnwäsche mit ihm macht, wäre es sehr gut, wenn ein Sozialarbeiter, der fachlich kompetent ist, dagegen arbeitet.

Ich finde es auch wirklich sehr gut, dass es heute so etwas wie Soziale Arbeit gibt. Ich wurde als Kind von meinem Stiefvater geschlagen und habe mich nie getraut etwas zu sagen, weil ich Angst hatte. Bei uns zu Hause stand oft die Polizei, weil mein Stiefvater im Suff randaliert oder meine Mutter bedroht hat. Die haben dann aber immer nur gesagt, dass das ein Familienstreit sei und sie nichts machen könnten, weil noch nichts passiert sei. Und so etwas hört man dann als hilfloses Kind. Hätte es damals schon solche Einrichtungen wie heute gegeben, wäre es wahrscheinlich nicht so weit gekommen oder er hätte sofort ins Gefängnis müssen. Und es ist auch sehr gut, dass die Kinder heute schon aufgeklärter sind als früher. Sie wissen zum Beispiel, wenn irgendetwas ist, können sie bei dieser oder jener Hotline anrufen, um Hilfe zu bekommen. Auch das hat es in meiner Zeit noch nicht gegeben und da hat natürlich dann auch die Schulleistung darunter gelitten, aber man hat sich nicht getraut etwas zu sagen. Ja, darum ist es wirklich sehr gut, dass es Soziale Arbeit gibt."

Die zweite Tasse Kaffee ist leer getrunken und wir sind am Ende unseres Interviews. In mir arbeiten gemischte Gefühle. Mitgefühl und gleichzeitig sehr große Bewunderung für die Stärke und das bisher Geleistete von Frau B. Meine Gesprächspartnerin nimmt ihren Regenschirm zur Hand und wir verlassen gemeinsam die Wohnung. Ich bedanke mich für die Begleitung zur Bushaltestelle und steige in den nächsten Bus ein. Die Regentropfen prallen an die Fensterscheibe des Busses und meine Gedanken schweifen umher.

ICH WÜRDE AUF JEDEN FALL WIEDER HINGEHEN

REGINA HANKE-ZINGERLE

Eine Bekannte von mir hat mir den Tipp gegeben, sie ist selbst zufällig mit der Sozialarbeiterin befreundet und sie hat mich dann immer wieder gefragt: „Und? Warst du schon?“ Zu der Zeit war ich gerade hochschwanger und habe nicht mehr gearbeitet, also hatte ich auch Zeit, mir etwas auszumachen. Ich habe sie dann direkt angerufen und habe mir einen Beratungstermin ausgemacht. Aber so leicht war das vorher nicht für mich. Ich hatte da so Gedanken wie: „Da gehörst du ja nicht dazu und werden dort viele ganz arme Leute sein?“ Aber meine Bekannte hat oft nachgefragt und so habe ich es dann zum Termin geschafft und als ich dann dort im Wartebereich saß, ist es auch gegangen.

In der Beratung selbst war es gar nicht mehr komisch für mich, ganz anders. Die Sozialarbeiterin, ich habe sie vorher noch nicht gekannt, war sehr freundlich. Sie hat zuerst etwas Persönliches geredet mit mir und ihre ganze Ausstrahlung war einfach sympathisch, so offen, positiv denkend und nicht bewertend, sondern nur aufzeigend. Sie hat mir auch nicht das Gefühl gegeben, dass ich da nicht richtig wäre. Ich lege Wert auf mein Äußeres, versuche mich adrett zu kleiden und da war es mir halt irgendwie unangenehm dort auf andere zu treffen. Vor mir war wirklich ein Pärchen, denen man auch ansah, dass sie finanzielle Hilfe brauchen. Sie taten mir leid. Beide hatten nur Jogginganzug und Schlapfen an und das im Winter. Aber im Beratungszimmer war die Atmosphäre total nett und es war auf Augenhöhe. Es war jetzt nicht so, dass sie mir das Gefühl gegeben hätte, dass ich da jetzt irgendwie ein Sozialfall wäre, also das gar nicht.

Für mich war es wichtig zu wissen, dass ich nichts verfallen lasse, keinen Anspruch auf eine Beihilfe oder auf eine andere Unterstützung. In der Beratung hat die Sozialarbeiterin dann mit mir alles aufgelistet, ich bin da ja ganz unvorbereitet hin. Also, bei der Mietbeihilfe wird alles, was wir verdienen, und alles, was wir bekommen, gezählt, sogar die Sparbücher. Sie hat mich alles so ungefähr schätzen lassen und ja, blöd, wir haben zu viel. Aber mein Freund studiert momentan noch und ich bin ja jetzt in Karenz. Aber wir haben seine Alimente und er arbeitet auch geringfügig. Bei mir gibt es nur noch diesen Monat eine Studienbeihilfe, da ich letzte Woche die Studienberechtigungsprüfung gemacht habe. Dann war das gemeinsame Auto der Ausschlag, dass es sich nicht ausgeht.

Ich hätte das ja nicht gewusst, aber man muss da wirklich alles mit rein rechnen. Es ist gut zu wissen, dass ich nichts verliere. Und für mich war das jetzt okay so. Wir haben keinen Anspruch, auch okay. Aber jetzt weiß ich es auch ganz genau und es ist nicht: „Hätte ich doch, wäre ich doch, hätten wir doch vielleicht mehr gehabt …“ Und wir hätten ihr, unserer Kleinen, doch vielleicht noch mehr bieten können als jetzt.

Das Auto einfach sein zu lassen, geht nicht so einfach, weil mein Freund nicht in Wien arbeitet und seine Eltern auch nicht in Wien wohnen. Damit das dann alles einfach wird, haben wir uns vor ein paar Jahren ein Auto gekauft. Es ist ein kleines und jetzt mit Baby ist es eh wieder sehr eng. Für den Fall, dass wir ein Neues kaufen, würde ich mich nicht mehr in den Zulassungsschein eintragen lassen. Dann wären die Karten wieder neu gemischt und vielleicht würde es sich dann für eine kleine Unterstützung ausgehen. Dann wäre die Miete nicht mehr so hoch und das wäre schon eine Entlastung in der jetzigen Situation.

Vor ein paar Jahren hatte ich eine schwere Zeit, meine Mama ist schwer erkrankt und dann auch gestorben. Ich war noch recht jung und ich bin quasi vor dem Nichts gestanden. Das war hart und so haben wir jetzt sogar eine Lebensversicherung abgeschlossen.

Falls mir etwas passiert, damit die Kleine etwas hat und nicht ganz ohne Geld dasteht. Geredet habe ich damals viel in meiner Arbeit mit meinen KundInnen, das war gut für mich. Psychologische Unterstützung von außen habe ich mir nicht geholt, ich weiß nicht warum. Aber es ist halt auch nicht leicht, zu sagen: „Ich brauche Hilfe.“ Empfehlen würde ich es schon auf jeden Fall, wenn jemand Unterstützung braucht, sich die auch zu holen. Die Beratung durch die Sozialarbeiterin war also wirklich super für mich, aber es war echt nicht leicht mich zu überwinden hinzugehen.

Ich habe jetzt noch gar nicht erzählt, wohin ich mich eigentlich gewendet habe? An die Schwangerenberatung. Da bekommen schwangere Frauen finanzielle Unterstützung und Beratung, was ihnen von Rechts wegen her zusteht. Ganz egal, ob Sozialfall oder nicht. Ich würde auf jeden Fall wieder hin gehen.

Als Kind im Frauenhaus

Nikola Poljak

Ich kenne Nikola über seine Familie. Als er mir von diesem Buchprojekt, an dem er über die Fachhochschule teilnimmt, erzählt hat und dass er dabei an mich gedacht hat, war ich zuerst überrascht. Was soll ich von Sozialarbeit erzählen, ich war damals doch noch so klein … Außerdem hab ich mit dem Sozialbereich abgeschlossen. Ich war für ein paar Monate als Au-Pair-Mädchen in London und danach kann ich fix sagen: Das ist ein hartes Brot und wird sicher niemals mein Job werden! Ich hab ganz andere Pläne. Aber eins nach dem anderen. Nikola hat mich schließlich überzeugt, dass meine Geschichte auch für andere Leute interessant ist. Und mich zu Kaffee und Kuchen zu sich nach Hause eingeladen. Da konnte ich nicht Nein sagen! Aber ich fange nochmal ganz von vorne an:

Ich heiße Sascha und bin 20 Jahre alt. Mit Sozialarbeit bin ich eigentlich zwei Mal in Kontakt gekommen. Das erste Mal, als ich fünf war. Meine Mutter, mein Bruder und ich sind damals im Frauenhaus aufgenommen worden und ich kann mich eigentlich nur positiv daran zurückerinnern. In Bezug auf das Frauenhaus fällt mir eigentlich gar nichts Negatives ein. Die Sozialarbeiterinnen waren alle nett. Dort arbeiteten nur Frauen. Das Gebäude durfte auch nur von Frauen und Kinder betreten werden. Ich habe aber vor kurzem gehört, dass jetzt ein Mann in einem Frauenhaus in Graz arbeiten darf.

Ich hatte damals, abgesehen von meinem großen Bruder, der zu dem Zeitpunkt erst zehn Jahre alt war, keine männliche Bezugsperson. In mir entstand das Gefühl, dass wenn keine Männer in meinem Leben sind, das Leben einfacher und besser ist. Das sehe ich heute etwas anders und würde ich kritisieren. Ich finde es nicht schlecht, dass jetzt auch Männer im Frauenhaus arbeiten dürfen. Mir hat jemand gefehlt, der sagt: „Ich bin deine männliche Ansprechperson, die du als Vorbild nehmen kannst“, und der einfach zeigt, dass nicht alle Männer doof sind. Zu viele Männer sollten es dann im Frauenhaus aber bitte auch nicht werden!

Wir sind ins Frauenhaus gekommen, weil mein Vater gewalttätig war. Gegenüber meiner Mutter, nicht gegenüber uns Kindern. Weil da zieht er irgendwo dann anscheinend doch eine Linie und macht eine Unterscheidung. Irgendwie komisch. Die Logik von manchen Menschen ist mir zum Glück ein Rätsel.

Ich kann mich an eine Person dort im Besonderen erinnern. Ich glaube, sie war Psychologin oder so. Wir haben eigentlich immer über Tiefgründiges gesprochen. Zumindest so tiefgründig, wie man halt mit fünf Jahren sein kann. Ich weiß, dass ich generell sehr viel unternommen habe. Wir waren unter anderem reiten und das hat mir geholfen, soziale Kontakte zu knüpfen. Weil eben auch andere Kinder beim Reiten dabei waren.

Das Ziel von Einzelaktivitäten ohne meine Mutter und meinen Bruder war, glaube ich, uns zu zeigen, dass wir, obwohl wir gemeinsam vor einem Tyrannen geflüchtet sind, nicht eine Einheit sind. Sondern dass jede Person für sich auch unterschiedliche Bedürfnisse hat und anders mit der Situation umgehen darf. Mein Bruder hat zum Beispiel andere Dinge mit den Sozialarbeiterinnen unternommen als ich. Meine Mutter hat auch andere Dinge gemacht mit den Frauen, die von Zuhause geflüchtet sind. Jeder und jede hat ein eigenes Programm bekommen. Die Sozialarbeiterinnen sind mit uns Jüngeren in den Park gegangen. Wir waren im Kino und Künstlerisches haben wir auch gemacht. Daran kann ich mich auch noch erinnern.

Ich habe dort auf jeden Fall ein halbes bis dreiviertel Jahr gewohnt. In dieser Zeit waren wir sogar einmal auf Urlaub. Wir drei waren mit einer Gruppe von vollkommen Fremden auf Urlaub! Ich finde es gut, wenn man nicht ständig mit denselben Leuten in Kontakt ist. Bei diesem Urlaub waren auch Männer dabei. Das war mein erster richtiger Urlaub überhaupt.

Ich weiß noch, für mich war es hilfreich, dass wir immer gespielt haben, wenn wir etwas Ernstes besprochen haben. Mir war es so möglich, mich immer spielerisch mit ernsten Themen auseinanderzusetzen und ich musste mich nicht voll dem Gespräch hingeben. Mir wurde so ermöglicht, dass ich meine Gefühle loswerde. Das weiß ich heute. Mein Bruder hat, glaube ich, mit anderen Jugendlichen Dinge unternommen. Ich weiß nicht, was sie gemacht haben, sie haben auf jeden Fall Dinge gemacht, zu denen ich nicht eingeladen war. Da wurde eben geschaut, dass wir nicht alles zusammen machen. Meine Mutter hat an regelmäßigen Treffen im Frauenhaus teilgenommen. Es gab im Frauenhaus für die Erwachsenen einmal in der Woche am Abend, spät am Abend, ein Treffen mit den Sozialarbeiterinnen. Dort wurden Spiele gespielt, miteinander diskutiert oder etwas in Bezug auf das Frauenhaus besprochen. Es war sehr abwechslungsreich im Frauenhaus.

Das Gebäude kommt mir in meiner Erinnerung vermutlich größer vor, als es tatsächlich ist, weil ich damals noch klein war. Gute Erinnerungen habe ich vor allem an den Innenhof. Der hatte sogar einen Spielplatz nur für die Bewohnerinnen des Frauenhauses. Es gab auch einen Turnsaal, einen Veranstaltungssaal. Da sind doch einige schöne Erinnerungen dabei. Es wäre spannend, heute einmal hinzugehen. Ob mir das Gebäude immer noch so groß erscheint wie damals? Drinnen waren wir mit dem Notwendigsten ausgestattet. Jede Familie hatte eine eigene Wohnung mit genügend Betten, einer Küche und einem Badezimmer. Fernseher gab es aber keinen in den Wohnungen. Es gab nämlich ein Fernsehzimmer, in das man gehen sollte, wenn man fernsehen wollte, um mit anderen gleichzeitig dabei Kontakte zu knüpfen. Genauso wie das gemeinschaftliche Fernsehzimmer gab es auch eine Gemeinschaftsküche. Dort konnte gemeinsam gekocht werden. Nein, wenn ich so nachdenke und erzähle, fällt mir nichts Negatives ein.

Der Umzug ins Frauenhaus brachte aber auch viele Veränderungen für mich mit sich. Ich musste meinen Kindergarten wechseln. Mein Bruder konnte weiter in dieselbe Schule gehen. Für meine Mutter war es in Bezug auf ihren damaligen Job wohl am schwierigsten. Sie wurde vor der Arbeit oft von meinem Vater abgefangen. Sie arbeitete damals als Putzfrau. Ihre Chefin hat ihr ein Pfefferspray mitgegeben für den Fall der Fälle. Irgendwie unheimlich, wie schnell sich alles verändern kann. Nichtsdestotrotz war es die einzig richtige Entscheidung von meiner Mutter, meinen Vater zu verlassen. Das hat sie sicher sehr viel Mut gekostet und hat ihr später mit Sicherheit auch sehr viel Energie abverlangt. Vor allem, weil wir die ganze Zeit über auch Kontakt zu meinem Vater hatten. Da sind ein paar Treffen, an die ich mich erinnern kann. Ich glaube, das erste Mal kann ich mich daran erinnern, dass meine Mutter gefragt hat, was uns unser Vater aus der Wohnung mitnehmen soll. Es stand nämlich ein Treffen mit ihm bevor. Mein Bruder hat gemeint, er möchte seinen Game Boy haben und er möchte es aber nicht sagen und möchte den Vater nicht sehen. Ich habe dann vorgeschlagen, dass ich mit unserem Vater spreche und es ihm sage, wenn ich dafür mit dem Game Boy spielen darf. Nervig wie halt kleine Schwestern manchmal sein können.

Jedenfalls kann ich mich daran erinnern, dass ich ihm dann gegenüber saß, er hat den Game Boy auf den Tisch gelegt und wir haben geredet. Ich war meiner Erinnerung nach sehr zurückhaltend, weil ich ihn eigentlich nicht positiv in Erinnerung hatte. Als wir uns dann verabschiedet hatten und aus dem Raum hinausgingen – wir waren alleine dort – wollte ich eigentlich nur schnell weg. Er wollte sich aber noch verabschieden und er hat mich umarmt. Ich kann mich gut erinnern, dass er mich umarmt und hochgehoben hat. Das empfand ich als unangenehm und ich habe ihn einfach weggedrückt, obwohl er mich hochgehoben hatte. Ja, daran kann ich mich noch sehr gut erinnern. Das war das erste Mal, dass wir uns seit der Trennung wieder gesehen haben. Das war aber nicht das einzige Mal, bei dem ich mich unwohl fühlte.

Da gab es noch einen Vorfall, als wir uns einmal im McDonald's getroffen haben. Meine Mutter und mein Vater haben angefangen, sich lautstark im Restaurant zu streiten. Das war nicht sehr angenehm. Mein Bruder ist dann mit meinem Vater mitgegangen, um ein bisschen Zeit zu verbringen. Ich nicht, weil ich Angst hatte. Ein weiteres Mal haben wir uns wieder getroffen und sie haben sich dieses Mal, glaube ich, nicht gestritten. Ich bin dann auch mit meinem Vater mitgegangen, um etwas Zeit zu verbringen. Es war alles neu und es war alles anders.

Das erste Treffen war auf jeden Fall nicht öffentlich. Es war in einem Eltern-Kind-Zentrum. Es wurde von den So-zialarbeiterinnen organisiert. Meine Mutter war bei den Sozialarbeiterinnen, während ich meinen Vater traf. Sie war bei dem ersten Treffen nicht dabei. Ich glaube, meine Eltern haben sich nur von weitem gesehen und nicht miteinander geredet. Aber das ist schon fünfzehn Jahre her. Meine Erinnerungen sind nicht mehr vollständig. Vielleicht wäre es besser gewesen, wenn Sozialarbeiterinnen zu diesem Treffen mit dem Vater mitgegangen wären. Wobei der Sinn des Ganzen aus der Perspektive der Sozialarbeiterinnen wohl gewesen ist, dass meine Eltern wieder miteinander auskommen oder zumindest sehen, ob sie miteinander irgendwie klarkommen. Aber ich glaube, es hätte bei dem Treffen in der Öffentlichkeit sehr geholfen, da jemanden zu haben, falls es zu einer Krisensituation kommt. Jemand, der sich da dazwischen stellt. Auch wenn es öffentlich ist, denke ich nicht, dass das eine Versicherung dafür ist, dass die Situation nicht eskaliert, auch wenn das die Sozialarbeiterinnen etwas anders sahen. Wahrscheinlich war es aber gut für meine Mutter, um ihr die Angst vor der Zukunft zu nehmen. Vielleicht war es der einzige Weg, wie sie ihre Angst vor unserem Vater abbauen konnte.

Nach dem Frauenhaus war es so, dass ich sehr oft Angst hatte, meinem Vater zu begegnen. Es war eine Angst davor da, dass er mich kidnappt. Keine Ahnung wieso. Wenn ich so darüber nachdenke, hat er mir nie einen Grund für diesen Gedanken gegeben. Aber er war da. Ich habe mich, wenn ich ehrlich bin, ziemlich oft in seiner Gegenwart sehr unwohl gefühlt. Jedes Mal, wenn er laut geworden ist oder er mit seiner neuen Frau oder seiner Schwester gestritten hat, hat das etwas mit mir gemacht. Ich hatte vor mittlerweile vier Jahren eine dezent depressive Phase und da war ich bei einer Psychologin. Ich hatte wieder Probleme mit meinem Vater, Stress in der Schule und Stress mit den Freundinnen. Mir ging es echt schlecht zu dem Zeitpunkt. Meine Mutter hat beim Jugendamt angerufen, ob sie eine Psychologin haben, mit der ich reden könnte. Wir waren von einem kostenlosen Angebot abhängig, weil wir hatten kein Geld für eine Psychologin, die wir privat bezahlen müssten. Ich bekam tatsächlich eine kostenlose Psychologin und die hat mir sehr geholfen. Zu dem Zeitpunkt hatten wir über mehrere Monate einige Termine und haben geredet und sie hat mir geholfen, besser zu werden in der Schule, weil sie mir gesagt hat, dass ich es kann. Das war im Endeffekt schon alles, was sie getan hat. In Bezug auf die Probleme mit meinem Vater waren diese vielen Gespräche auch sehr hilfreich.

Der Wechsel vom Frauenhaus in eine neue Wohnung war für mich irgendwie traumatisch. Das Frauenhaus ist nicht abgelegen, aber es ist ziemlich ruhig. Die Wohnung, in die wir dann gezogen sind, lag an einer Hauptstraße. An einer Hauptstraße mit ständig vorbeifahrenden Autos. Dadurch war es sehr laut und dieser Übergang war etwas traumatisch. Zuerst kommt man ins Frauenhaus und man fühlt sich sicher, weil man weiß, da sind überall Kameras und da sind Leute, die schauen, ob eine männliche oder weibliche Person reinkommt. Dann kommt man in dieses Gebäude, das eigentlich laut ist und ich hatte überhaupt nicht das Gefühl, dass ich sicher bin. Der Übergang war dementsprechend etwas hart. Wobei ich glaube, aber vielleicht bilde ich mir das auch nur ein, dass wir eine Testnacht hatten, in der wir schauten, wie wir dort klarkommen. Die dürfte gut verlaufen sein, weil wir dann ja in ebendiese Wohnung gezogen sind.

Zu der erwähnten Wohnung sind wir übers Frauenhaus gekommen. Es handelt sich um eine Sozialwohnung. Eine sogenannte Notwohnung heißt das, glaub ich. Naja, die war auf jeden Fall komplett leer. Meine Mutter hat Lack gekauft, um den Parkett anzumalen und wir Kinder sind einfach nur in dem Zimmer gesessen, in dem meine Mutter gerade nicht lackiert hat. Als wir dann eingezogen sind, hatten wir zwei Luftmatratzen. Ich kann mich an ein Theater mit den aufblasbaren Matratzen erinnern. Mein Bruder und ich sind auf der einen Luftmatratze gelegen und weil sie so nah am Radiator stand, schmolz sie. Wir sind aufgewacht ohne Luft in der Matratze. Im Endeffekt haben wir am Boden geschlafen. Das ist eine Geschichte, über die ich heute lachen kann. Die Wohnung war nicht hergerichtet. Die Küchenelemente und der Herd waren drin, aber den Rest mussten wir uns kaufen. Es war in gewisser Weise ein Neustart.

Wenn ich heute so auf meine Geschichte zurückblicke, wünschte ich mir im Frauenhaus eine männliche Bezugsperson für mich. Aber zu viele Männer dort wären meiner Meinung nach auch nicht gut. An meine Mitmenschen, damit meine ich vor allem die Frauen, möchte ich sagen: „Lass dir helfen!“ Ich glaube, sehr viele Leute würden gerne sagen, dass sie es ohne Hilfe schaffen. Aber ich glaube, es ist nicht schlecht, wenn man sich mal helfen lässt. Die Sozialarbeiterinnen sind erfahrener in dem Bereich und wissen was sie tun.

Wie Schulsozialarbeit Antonios Leben veränderte

NIKOLA POLJAK

Ich habe Nikola Poljak zu mit nach Hause eingeladen. Eines Tages bekam ich diesen Anruf, ob ich Lust habe einem Studenten zu erzählen, was ich mit Sozialarbeit erlebt habe. „Aber sicher doch!", hab ich gesagt, denn ohne Sozialarbeit wären wohl einige Dinge anders gelaufen. Als Nikola rein kam, war ich überrascht, keine Ahnung, was ich mir vorgestellt habe. Das war ein netter junger Typ, nicht viel älter als ich, der mit gleich sympathisch war. Zuerst unterhielten wir uns über das Interview für dieses Buch. Doch nach nur kurzer Zeit kippten wir in das Thema Fußball. Als ich ihm meine Playstation 4 und FIFA17 zeigte, strahlte er. Wusste ich es doch, dass Sozialarbeiter nicht nur pädagogisch wertvolles Holzspielzeug benutzen! Also haben wir erst einmal gezockt. Nikola wählte BVB Dortmund und ich meine Lieblingsmannschaft Juventus Turin. Eh klar, dass ich das Spiel haushoch mit 4 : 1 gewonnen habe. Eigentlich geht es aber in diesem Text um etwas anderes. Hier kommt meine Geschichte mit Schulsozialarbeit:

Ich bin 25 Jahre alt, bin viel mit meinem Fahrrad unterwegs und reise gerne. Vor kurzem habe ich einen neuen Job angenommen und demnächst beende ich mein Bachelorstudium, für das mir nur noch zwei Prüfungen fehlen.

Ich habe, wie jede andere Person auch, die Schule besucht. Meine Erfahrungen mit Sozialarbeit haben auch ihren Ursprung dort. Genauer gesagt begleitete mich dieses Thema meine ganze Schullaufbahn. In der Volksschule stellte sich bei mir die Frage, wie ich am Turnunterricht teilnehmen könnte. Eine Sozialarbeiterin ermöglichte mir dies. Sie arbeitete mit mir und mit meinem Umfeld.

Dadurch war es mir möglich, mich im Turnunterricht bei Spielen, wie zum Beispiel „Abschießen" oder „Merkball", zu beteiligen. Wenn die anderen einmal eine Übung machten, die ich nicht mitmachen konnte, hatte die Sozialarbeiterin Alternativen für mich parat. Sie absolvierte mit mir gemeinsam andere Übungen. Das hat mir sehr gut gefallen.

Eines meiner Highlights war aber, dass ich bei der Schullandwoche mitfahren durfte. Die Sozialarbeiterin kümmerte sich darum, dass ich eine Begleitperson zur Verfügung gestellt bekam. Diese war kein Familienmitglied von mir, sondern eine Betreuerin. Die Schullandwoche hat mir gut gefallen. Ich machte bei allem mit, sogar beim Reiten. Ich habe auch bei einem Parkour mitgemacht, bei dem man von einer Seite des Flusses, mit Karabinerhaken gesichert, auf die andere rüberkommen muss. Das habe ich auch gemacht. Sie haben mich da befestigt und rübergeschoben sozusagen. Das war cool! Die ganze Schullandwoche war gut für mich, weil ich lernen musste, alleine klar zu kommen. Die Sozialarbeiterin zeigte mir, dass ich trotz meiner Behinderung alles meistern kann. Irgendwann hatte aber auch die Volksschule ihr Ende. In der vierten Klasse begann, wie bei jedem anderen Jugendlichen auch, eine Phase des Nachdenkens und Überlegens, wie es weitergehen sollte. Ich beschloss, dass ich ein Gymnasium besuchen wollte. Dies gestaltete sich nicht so einfach. Es mussten nämlich, wie ihr euch sicher vorstellen könnt, einige Voraussetzungen gegeben sein. In der ersten Schule, die ich aussuchte und die am nächsten zu meinem Wohnort war, willigte der Direktor ein. Für ihn war es in Ordnung, wenn ich bei ihm die Schule besuchen würde. Es war aber leider so, dass ein Klassenvorstand der ersten Klassen ebenfalls einwilligen musste, weil dieser dann eine Verantwortung gegenüber dem Schüler mit Behinderung übernimmt. Es fand sich keiner, der dazu bereit war und so musste ich mich weiter nach einer passenden Schule umsehen. Die nächste Schule, die ich mit meiner Sozialarbeiterin kontaktierte, war etwas weiter weg. Ich wollte aber unbedingt eine AHS, also ein Gymnasium, besuchen und Aufgeben war nicht drin. Die Direktorin dieser Schule willigte ebenfalls ein. Als sich dann auch noch eine Lehrerin fand, die die Verantwortung für mich übernehmen wollte, war ich überglücklich.

Dann kam aber ein Dämpfer für mich. Die Direktorin wollte nämlich nicht, dass ich weiterhin durch meine Sozialarbeiterin betreut werde. Diese Entscheidung hat meiner Meinung nach mein ganzes restliches Schulleben beeinflusst. Die erste Diskussion, die ich mit der Direktorin danach führte, hatte den Turnunterricht zum Thema. Die Direktorin hatte einerseits die Sorge, dass ich mit meinem Rollstuhl den Parkettboden im Turnsaal beschädigen würde und andererseits war ich ihrer Meinung nach eine Gefahr für die anderen Kinder. Sie begründete letzteres damit, dass ich die anderen Kinder mit dem Rollstuhl verletzen könnte, indem ich ihnen über die Füße fahre. Das habe ich nicht verstanden und verstehe es nach wie vor nicht. Ich habe eine körperliche Behinderung und keine geistige Behinderung. Niemals wäre ich einem anderen Kind absichtlich über die Füße gefahren. Dem Turnlehrer kam das gelegen und er stellte sich auf die Seite der Direktorin. Der Turnlehrerin der Mädchen verdanke ich, dass ich immerhin am Schwimmunterricht teilnehmen durfte. Eigentlich verdanke ich ihr sogar, dass ich schwimmen gelernt habe. Das hätte ich ohne sie nicht geschafft. Sie beschäftigte sich intensiv mit mir. Sie hat sogar für mich mit der Direktorin gestritten und sich durchgesetzt, sodass ich zumindest am Schwimmunterricht teilnehmen durfte.

In der Oberstufe des Gymnasiums fuhr ich einmal mit meiner Klasse nach Italien und einmal nach England. Ich habe meine Direktorin damals bei beiden Reisen rechtzeitig erinnert, dass sie einen Antrag auf einen Begleitdienst stellen sollte. Sie vergaß darauf und schließlich war es zu spät. Sie hat zwei Mal hintereinander vergessen, einen Antrag zu stellen. Ich bin überzeugt, dass es einfach nur Faulheit war. Einmal lasse ich mir ja noch einreden, aber gleich zweimal derselbe Fehler ist schon eigenartig. Anstatt einer Betreuerin waren dann einmal meine Schwester und einmal mein Bruder mit mir auf Sprachkurs. Es war schön mit meinen Geschwistern, aber ich bin trotzdem der Meinung, dass eine Schulsprachwoche kein Familienurlaub sein sollte. Die Betreuerin hätte mich genauso wie in der Volksschule nichts gekostet. Im Falle meiner Geschwister hat zum Glück der Verein der ElternvertreterInnen die Kosten übernommen.

Bei so einigen Kämpfen beziehungsweise Diskussionen mit der Direktorin hätte ich Unterstützung von einer erwachsenen Person, im besten Fall meiner Sozialarbeiterin, gebraucht. Einige Diskussionen dauerten lang und waren zäh, aber ich habe mich durchgesetzt. So zum Beispiel die Bitte um den Schlüssel für den Aufzug und die Behindertentoilette. Es gibt zwar einen Euro-Key mit dem man beide aufsperren können sollte. Doch in meiner AHS war das anders. Erst nach vielen Jahren bekam ich endlich beide Schlüssel. Hartnäckigkeit zahlt sich aus. Ich frage mich trotzdem nach wie vor, was für einen Blödsinn ich in einer Toilette anstellen hätte sollen oder weswegen die Direktorin Bedenken hatte, mir einen Schlüssel dafür zu geben. In den letzten beiden Jahren habe ich mich aber durchgesetzt und ich musste nicht immer nach einem Lehrer suchen, der mir die Klotür aufsperrt.

Vielleicht seid ihr im Laufe des Lesens darauf gekommen, wieso ich in manchen Bereichen meines Lebens etwas Unterstützung brauche. Ich hatte im Alter von vier Jahren einen Unfall. Ich wurde beim Überqueren einer Straße von einem Motorradfahrer angefahren. Ich lag in Folge dessen mehrere Monate in Koma. Seit diesem Unfall bin ich querschnittsgelähmt. Meine täglichen Erledigungen, wie zum Beispiel an die Uni fahren, um für mein Studium zu lernen, zum Arzt gehen oder auch einkaufen gehen, bewältige ich alle im Rollstuhl. Ein Satz, der mir stark hängen geblieben ist, ist: „Wenn du einen Rollstuhlfahrer unterwegs siehst, dann ist er glücklich, weil er sich nicht zu Hause verschanzt." Ich bin gerne draußen mit Freunden und anderen Menschen unterwegs. Ich bin dadurch Teil der Gesellschaft.

Ich wünschte, ich hätte mich beim Turnunterricht durchgesetzt. Ich war über meine ganze Zeit am Gymnasium hinweg vom Turnunterricht befreit. Während die anderen Sport machten, war ich in der Kabine und machte meine Hausübungen oder spielte mit meinem Handy. Erst in der Oberstufe durfte ich mich von meiner Klasse entfernen und im Pausenaufenthaltsbereich sitzen. Nach einigen Jahren an der AHS meldete sich die Sozialarbeiterin aus Volksschulzeiten wieder bei mir, um sich zu erkundigen, wie es mir gehe. Ich war und bin froh über ihren Anruf, weil ich dann durch sie zum Basketball gekommen bin. Ich bin zwei Mal die Woche über eine Stunde hin und eine Stunde zurück öffentlich unterwegs gewesen, um zum Basketballtraining für Rollstuhlfahrer zu gelangen. Dieser Sport liegt mir nach wie vor am Herzen. Ohne die Sozialarbeiterin wäre ich nicht dazu gekommen.

Ich habe leider keine Telefonnummer mehr von ihr, ich würde ihr so gerne noch einmal danken, dass sie mir meine Schullaufbahn erleichtert hat. Ich möchte mich aber nun hier, mit diesem Text bei ihr bedanken. Wer weiß, vielleicht fällt ihr dieses Buch einmal in die Hände und sie liest genau diese Geschichte. An alle anderen Sozialarbeiter und Sozialarbeiterinnen möchte ich loswerden: Lasst euch nicht von anderen aufhalten!

Was ich noch sagen möchte, ist, dass mir aufgefallen ist, dass Kinder sich weniger scheuen, mir Fragen zu meiner Behinderung zu stellen als Erwachsene. Meist ist es sogar so, dass die Kinder die intelligenteren Fragen stellen. Hin und wieder kommt es vor, dass ich auf der Straße aus dem Nichts heraus von Erwachsenen angesprochen werde. Oft höre ich: „Boah, du sitzt ja im Rollstuhl.“ Ich antworte meist lachend: „Als ich von zuhause weggegangen bin, war das aber nicht so.“ Man muss die Sachen mit Humor nehmen.

ALTE MENSCHEN

Alte Menschen sind in besonderem Ausmaß von sozialer Desintegration bedroht. Während traditionell vor allem Gesundheits- und Pflegeberufen in diesem Feld aktiv sind, zeigt sich zusehends, auch vor dem Hintergrund der demografischen Entwicklungen, die Notwendigkeit der Unterstützung und Kooperation durch Soziale Arbeit. Von Tageszentren und telefonischer Beratung über PensionistInnenwohnhäuser und gemeinwesenorientierte Projekte bis hin zu generationenübergreifendem Arbeiten und Sterbebegleitung – die Arbeit mit hochbetagten Menschen ist vielfältig und derzeit ein Feld voller neuer Entwicklungen und Möglichkeiten.

Geschichte aus dem Altenheim

Marie Therese Sramek

Vor mir sitzt eine Frau, die im Altenheim lebt. Elisabeth ist vor einigen Jahren hierher gezogen, weil sie nicht mehr alleine in ihrer Wohnung leben wollte. Ihr Zimmer ist mit braunen, geschmackvoll aufeinander abgestimmten Möbelstücken ausgestattet. Sie bittet mich zum Tisch, an dem zwei Sessel stehen. Von dort aus können wir die ganze Wohnung betrachten, zu der ein Vorraum mit WC, eine Bettnische, zwei Kästen und ein Kommode sowie der Tisch an dem wir sitzen gehören. Bevor Elisabeth hierher gezogen ist, hat sie mit ihrer Mutter in einer schönen großen Wohnung, wie sie mir erzählt, zusammengelebt. Eines Tages erwachte sie in besagter Wohnung und bemerkte, wie unüblich still es war. Sie ging aus ihrem Kabinett in das Wohnzimmer, in dem ihre Mutter immer schlief. Die Mutter, eine bereits ältere Frau, die mit Herzproblemen zu kämpfen hatte, sah aus als würde sie schlafen. „Sie sah schön und friedlich aus", sagt Elisabeth und lächelt. Jedoch wusste Elisabeth, dass ihre geliebte Mutter dahingeschieden war. Der herbeigerufene Arzt konnte nicht mehr helfen, da sie im Schlaf gestorben war. Elisabeth gab zunächst sich selbst die Schuld dafür, dass sie nichts getan hatte. Jedoch konnte sie nichts dafür, versicherte ihr der Mediziner. Nicht einmal, wenn sie wach gewesen wäre, da ihre Mutter an einer schweren Herzkrankheit litt. Die Krankheit der Mutter war der Grund für den Erwerb der Erdgeschosswohnung, da sie keine Stiegen mehr steigen konnte. Elisabeth bekam zu dieser Zeit Hilfe von einem befreundeten Kollegen der Gewerkschaft, der ihr bei der Beschaffung der Wohnung half. Eine gute Freundin der Mutter, Isolde, die zugleich wie eine Tante für Elisabeth war, kam nach dem Tod vorbei und lud sie zu sich ein, da der Schmerz zu groß war, um daheim zu bleiben. Isolde riet Elisabeth, nicht zu lange von zu Hause fern zu bleiben, da sie sonst einen Punkt erreichen würde, an dem sie nicht mehr in der Lage sein würde, die Wohnung wieder zu betreten. Damit behielt Isolde Recht und Elisabeth zog bald darauf aus Einsamkeit in ein Altenheim.

Kurz darauf schied auch Isolde aus ihrem Leben. Später zog Elisabeth, auf eigenen Wunsch, in ein zentraler gelegenes Altenheim, um flexibler sowie in der Nähe von Einkaufsmöglichkeiten sein zu können. Sie lebte dann in einem kleinen Zimmer im 2. Stock, welches ihr sehr gut gefiel. Sie machte im Jahr ihres Einzuges zum ersten Mal Bekanntschaft mit Sozialer Arbeit. Eine Sozialarbeiterin des Hauses, Gertrude, half ihr gebrauchte

Möbel zu erlangen, kümmerte sich um ihre Zahlungen und betreute sie, wofür ihr Elisabeth heute noch sehr dankbar ist. Bei Elisabeth traten Unklarheiten mit den Zahlungen auf, da sie nicht so viel Geld von ihrer Pension bekam, sie aber das Wohnheim, Strom und Fernsehen zahlen musste. Gertrude arrangierte eine Ratenvereinbarung, wodurch mehr Zeit für Elisabeth vorhanden war diese Rechnungen zu begleichen.

Elisabeth hat seit einiger Zeit mit einer Wirbelsäulenverkrümmung zu kämpfen, weswegen auch ihr Zwerchfell gerissen war und sie seitdem nicht mehr so gut gehen konnte wie zuvor. Ihr Zustand verschlechterte sich und eines Tages stürzte Elisabeth in ihrer Wohnung und fiel auf den linken Arm. Zunächst dachte sie, es sei nicht so schlimm, aber als sie später versuchte sich zu waschen, wurden die Schmerzen unerträglich. Elisabeth bat die Rezeption des Heims, ihr einen Arzt zu rufen, da ihr der Arm wehtat. Sie wurde ins Krankenhaus gebracht, wo sie bis zur Schulter eingegipst wurde. Elisabeth konnte sich lange nicht selbstständig waschen oder anziehen und musste dann auf die Bettenstation im selben Altenheim verlegt werden.

Sie gab ihre Wohnung auf, da sie Angst hatte wieder hinzufallen, falls sie zurückging und wieder alleine wäre. Ihre Möbel wurden erneut verkauft und das Zimmer an eine andere Person vergeben. Sie blieb in der Bettenstation für fast ein Jahr, da sie sich fürchtete wieder zurück zugehen. Die Sozialarbeiterin Gertrude, welche sie stets betreute, versuchte sie zur Selbstständigkeit zu ermutigen, sodass sie wieder in eine eigene Wohnung ziehen würde. Gertrude argumentierte, dass die Menschen auf der Bettenstation viel älter und nicht mehr fähig dazu wären, sich selbst zu versorgen. Nachdem der Gips abgenommen wurde, war sich Gertrude sicher, dass Elisabeth es alleine schaffen könne, da sie noch sehr fit sei. Elisabeth gestand sich selbst ein, dass „man in der Bettenstation seelisch total am Sand“ sei, wenn man dort bleiben würde. Sie mochte zwar das Personal gerne und meinte auch, dass die sie mochten, da sie leicht umgänglich war und ihnen nichts abverlangte, was sie nicht selbst konnte. Das Personal in der Bettenstation empfand Elisabeth deshalb auch nicht als Arbeit oder Last, da sie sehr selbstständig war, als der Gips ab war, wie sie mir schildert. Elisabeth beschreibt sich als sehr diszipliniert, da sie ihre Strümpfe alleine anziehen und ihr Bett auch selbstständig lüften konnte. Daher kam sie zu dem Schluss: „Wenn ich es dort alleine schaffe, warum sollte ich es dann nicht auch in einer eigenen Wohnung können?“

Also ließ sie sich wieder zu einer eigenen Wohnung von ihrer Gertrude überreden, die ihr beim Umzug bürokratisch half. Schließlich brauchte sie neue Möbel und Materialien für ihre Wohnung, welche ein Mitarbeiter einer Möbelhauskooperation stets für das ganze Haus besorgte. Alles was sie noch hatte war eine Zahnbürste, ihr Gewand und ein paar Fotos. Sie wusste, genauso wie es ihr der Arzt und Gertrude sagten, dass sie zurück könne, falls sie es nicht alleine schaffen würde. Das Hauspersonal schickte vor ihre Wohnungstür einen Wagen mit Säcken, in denen Elisabeths persönliche Besitztümer waren. Ausräumen musste sie diese alleine. Sie tat es zunächst nur provisorisch, da sie noch nicht alle Kästen hatte. Sie wusste, dass ihr das Personal von der Bettenstation nicht helfen würde, da diese viel zu viel mit ihren Patienten und Patientinnen zu tun hatten. Auch Gertrude half ihr nicht, da dies schließlich ihre eigene Wohnung war. Sie erwartete sich aber auch keine Hilfe von ihr. Sie erzählt mir, dass sie lange dazu brauchte, es aber schlussendlich selbstständig schaffte.

Anfangs fürchtete Elisabeth sich noch in ihrer neuen Wohnung, da es ihr makaber vorkam, dass sie wieder alleine und zusätzlich ohne Melder in der Wohnung war. Sie fürchtete wieder zu stürzen. Sie fürchtete wieder auf fremde Hilfe angewiesen zu sein. Dadurch boten die Krankenschwestern ihr an, die Türe stets aufgesperrt zulassen, sodass sie stets vorbei kommen konnten, um zu kontrollieren, ob alles in Ordnung sei. Dies geschah jedoch nur zwei bis drei Mal und war für die Frau in Ordnung, da sie sich so sicherer fühlte. In der Bettenstation wurde auch nicht zugesperrt und das habe sie auch nie gestört.

Gertrude schickte Elisabeth eine Mitarbeiterin der Seelsorge und eine Physiotherapeutin. Die Frau der Seelsorge fragte sie, ob sie bereit wäre, diesen Schritt zugehen, worauf sie bejahte, da sie bestärkt war durch all die Zusprüche. Elisabeth wusste ab dann, dass sie es alleine in der Wohnung schaffen könne, meinte aber auch, dass sie eher hart zu sich selbst sei. Die Physiotherapeutin, die immer wieder zu ihr kam, um sie zu trainieren, verlangte, dass Elisabeth so bald als möglich unabhängig von den Schwestern wurde nach ihrem Sturz. Sie bekam eine Rollator wegen ihrer Wirbelsäule bereitgestellt, mit dem sie mobiler sein konnte. Auch als sie mich nach unserem Gespräch von ihrem Zimmer zum Ausgang begleitete, nutzte sie ihren Rollator, da er ihr beim Fortschreiten Sicherheit gab. Die Physiotherapeutin half Elisabeth wieder selbstständig essen zu erlernen, wodurch sie Unabhängigkeit und Stärke erlangte.

Elisabeth betont im Gespräch immer wieder stolz, dass „ihre" Gertrude ihren Job perfekt mache, da sie die Vorschriften kenne, sich immer um alle Menschen des Hauses kümmere und ihnen bei allen Belangen helfe. Sie habe Computerkenntnisse mit denen sie alle wichtigen Briefe und Formulare abschicken könne und um mit den Mitarbeitern und Mitarbeiterinnen der Ämter zu kommunizieren. Sie selbst könne all diese Tätigkeiten nicht, da dazu eine Sozialarbeiterin nötig sei. Sie habe gar keinen Computer oder ein Telefon und kenne auch die Regeln der Bürokratie nicht. Gertrude würde immer versuchen einen Ausweg aus schwierigen Situationen zu finden, um alle Parteien zufrieden zu stellen, wodurch sie manchmal jonglieren müsse. Jedoch wäge sie alle Möglichkeiten ab, um das Bestmögliche zu erlangen. Elisabeth drückt oft ihre Dankbarkeit zu Gertrude aus, da sie viel für sie getan habe, um ihr zu helfen.

Als ich mich an der Türe verabschiede, blicke ich mich um und spüre einen Anflug von Melancholie in mir. Es ist gut, dass es solche Orte gibt. Aber wäre das auch etwas für mich? Zum Glück bin ich noch jung, wer weiß, was mir meine Zukunft bringen wird.

MATERIELLE GRUNDSICHERUNG

Wenn Menschen aus materiellen Notlagen heraus in ihrer grundlegenden Existenzsicherung bedroht sind, wird Soziale Arbeit aus dem Handlungsfeld „Materielle Grundsicherung“ aktiv. Ob in der Unterstützung Einzelner oder in der Beratung der Politik hinsichtlich der Auswirkungen vergangener sozialpolitischer Entscheidungen – in diesem Bereich wird versucht, das grundlegendste zu erhalten oder wiederherzustellen: Finanzielle bzw. materielle Sicherung und Wohnraum. Wir bilden hier die behördliche Erwachsenensozialarbeit („Sozialamt“), Sozialberatungsstellen, SchuldnerInnenberatung sowie Angebote für wohnungslose Menschen ab.

Als Arbeiterin beim Sozialamt

Nikola Poljak

Den Kontakt zu Herrn Poljak bekam ich über eine soziale Einrichtung der Gemeinwesenarbeit, die sich auf die Thematik Wohnen spezialisiert hat. Dort führte ich auch das Gespräch mit ihm. Wir wechselten beim Gespräch immer wieder von Deutsch auf „Jugo", wie wir liebevoll sagen, und umgekehrt, weil jede Sprache ihre eigenen Ausdruckweisen hat. Bevor ich Ihnen meine Geschichte erzähle, so wie ich sie Herrn Poljak berichtet habe, möchte ich einen dringenden Wunsch loswerden: Die PolitikerInnen sollen genau hinschauen und nicht bei den Ärmsten sparen! So, und jetzt geht es los. Hier kommt meine Geschichte und meine Erfahrungen mit Sozialarbeit …

Ich weiß eigentlich gar nicht, wo ich anfangen soll. Ich habe schon so viel erlebt und habe es irgendwie dann doch immer wieder geschafft, weil ich wusste, dass ich stark sein muss. Leider Gottes habe ich fast immer nur gearbeitet. Ich habe viel gearbeitet. Obwohl ich nur vier Jahre lang die Schule besucht habe, kann ich trotzdem lesen und schreiben. Ich habe bei der Post gearbeitet. Ich war Verkäuferin. Ich war Hausbesorgerin. Ich war Putzfrau. Ich war Beifahrerin bei einem Fahrtendienstunternehmen für behinderte Kinder. Ich habe nur vier Monate dort gearbeitet. Ich konnte es dort nicht länger aushalten. In einigen Gasthäusern habe ich auch schon gearbeitet. Damals bin ich von Gasthaus zu Gasthaus gegangen, um zu fragen, ob sie jemanden brauchen, die putzt, damit ich Geld verdiene und überlebe. Das Brot, das ich gegessen habe, habe ich mir mit meinen eigenen Händen erarbeitet. Aber jetzt bin ich schon seit fast zehn Jahren arbeitslos.

Meine Geschichte beginnt aber eigentlich ganz wo anders. Geboren wurde ich in Serbien. Mit vierzehn Jahren kam ich nach Wien. Zunächst konnte ich kein Wort Deutsch. Ich habe nur auf die Dinge gezeigt, die ich meinte und es mit „das" beschrieben. Das klappte am Anfang ganz gut. Die Menschen waren damals aber auch irgendwie anders. Eine nette österreichische Frau hat mir Deutsch beigebracht. Der Umgang mit Menschen, die hier seit kurzem sind, ist heute anders als der Umgang damals. Ich muss sagen, früher waren die Leute netter: „Kommen Sie her, ich gebe Ihnen Sachen", das war damals völlig selbstverständlich. Wenn ich es nicht verstanden habe – ich konnte ja am Anfang kein Deutsch –, haben wir uns ohne Worte verständigen können oder durch mein bereits erwähntes, alles erklärendes „das!“ samt Fingerzeigen kommuniziert. Ich habe viel Hilfe bekommen. Aber jetzt hassen die Leute einander. Es ist eine andere Zeit gekommen. Jeder schaut auf das Geld. Viele sind gierig und vergessen, dass Geld nicht alles ist.

Ich habe, als ich nach Wien gekommen bin, zunächst nicht einmal eine Unterhose gehabt. Die Mutter meines Ex-Manns hat mir zuerst in Serbien alles gegeben und aufgezeigt, welche Möglichkeiten ich in Österreich hätte. Sie hat mir gezeigt, dass das Leben in Wien einfacher sein würde. Ich habe ihr geglaubt und vertraut. Deshalb bin ich dann mit nach Wien gekommen. Hier hat sie mir alles weggenommen. Ihr Sohn, den ich heiratete, hat mich dann auch noch geschlagen.

Ich sage Ihnen wirklich: Ich habe viel in meinem Leben geschafft und überstanden. Meine Kinder sind alle hier geboren. Zwei sind österreichische Staatsbürger und mein Ex-Mann hat auch die österreichische Staatsbürgerschaft gehabt. Ich habe, leider Gottes muss ich sagen, noch immer die serbische. Das macht rechtlich gesehen einen großen Unterschied und bringt einige Nachteile mit sich.

Ich war sechs Monate im Frauenhaus mit meinen zwei Kindern. Wir mussten auf eine Wohnung warten, weil der Vater meiner Kinder mit seiner Freundin in unsere alte Wohnung gezogen war. Ich habe mich auf Grund seiner Gewalttätigkeit scheiden lassen. Im Frauenhaus haben wir Bewohnerinnen uns untereinander immer unterstützt. Eine hat gekocht, eine hat geputzt, eine hat gewaschen und eine war einkaufen. Die unterschiedlichen Aufgaben wurden aufgeteilt. Am Abend saßen dann alle Frauen und die Betreuerin zusammen. Es war in der Nacht auch immer eine Betreuerin da, weil manche Frauen erst am Abend hingekommen sind. Leider Gottes habe ich dort eine Frau kennengelernt, die im Alter von sechzig Jahren dort war. Sie wurde von ihrem Mann geschlagen und war deshalb im Frauenhaus. Da habe ich mich gewundert, wieso eine Frau mit weißen Haaren dort ist. Aber es gibt so viele Sachen, die gibt es gar nicht. Da bleibt wohl nichts anderes übrig als durchhalten.

Derzeit beschäftigen mich am meisten meine Gesundheit und meine Wohnung. Mit meiner Wohnungsmiete bin ich zwei Monate im Rückstand. Die Sozialarbeiterin vom Sozialamt hat meinen Antrag auf Hilfe abgelehnt. Frau Müller, von der Einrichtung für Gemeinwesenarbeit, hat mir aber schon oft geholfen und ist immer für mich da. Sie hat öfter etwas für mich faxen lassen. Sie hat für mich unzählige Telefonate geführt. Sie hat auch mit der Sozialarbeiterin vom Sozialamt gesprochen. Aber nein, da ist leider trotzdem keine Hilfe gekommen.

Manchmal frage ich mich schon, wonach die SozialarbeiterInnen im Sozialamt ihre Entscheidungen treffen. Manche bekommen Geld oder beispielsweise Frühpension zugesprochen und mein Pensionsantrag wurde trotz meiner Krankheiten bereits fünf Mal abgelehnt. Ich habe seit meinem sechszehnten Lebensjahr Epilepsie, leide unter starken Depressionen, hatte einen Bandscheibenvorfall und habe regelmäßige Migräneanfälle. Trotzdem werde ich immer wieder aufs Neue abgelehnt. Früher bekam ich zumindest Geld für Kleidung oder Möbel vom Sozialamt. Mein letzter Antrag war wegen Geld für ein Bett für meinen Sohn. Sein altes Bett ist nämlich kaputt gegangen. Aber nein, selbst dieser Antrag wurde abgelehnt. Ebenso wie mein Antrag auf Pflegegeld.

Ich habe ja bereits von meinen gesundheitlichen Problemen erzählt. Vor kurzem kam auch noch Krebs dazu. Das ist furchtbar. Wenn ich daran denke, schießen mir Tränen in die Augen. Wie soll mein Sohn alleine ohne seine Mutter auskommen, frage ich mich. Ich muss stark sein, dann werde ich das hoffentlich auch überstehen. Deshalb war ich vor einigen Monate längere Zeit im Spital. Operieren wollten die Ärzte mich aber nicht.

Dort hatte ich aber eine wahrhaftig einzigartige Begegnung. Da war diese Frau. Sie erschien mir wie ein Engel. Ein Engel in diesen dunkeln Räumlichkeiten voller Leiden und Schmerzen im Spital. Sie hörte mir zu. In Wahrheit war es das Einzige, das sie tat. Sie kam in mein Zimmer, nahm meine Hand und hörte mir zu. Das war so gut. Sie hat mir so gut getan. Ich erzählte ihr meine Geschichte. Als ich sieben Jahre alt war, habe ich angefangen zu arbeiten. Frühes Aufstehen und Brotbacken waren jeden Tag auf der Tagesordnung. Diese Frau sagte nur: „Erzählen Sie mir, was sie damals erlebt haben in Serbien mit ihren Eltern", und ich habe angefangen zu reden. Ich erzählte, wie schwer es war. Wir mussten uns damals mit vielen Anstrengungen ernähren. Meine Mutter ist täglich zum Friedhof gegangen. In Serbien ist es so, wenn jemand stirbt, wird Essen auf das Grab gelegt und wer arm ist, kann kommen und sich etwas vom Essen nehmen. Dies tat meine Mutter. Nicht nur sie alleine. Ich habe es auch öfter mit ihr gemeinsam gemacht. Unter dieser Abhängigkeit bin ich aufgewachsen. Aber dieser Engel im Spital hat mir gesagt: „Sie müssen ihrer Mutter und ihrem Vater verzeihen, weil sie haben nicht viel gehabt. Verzeihen Sie ihnen, dann können Sie selbst zur Ruhe kommen." Das war ein einzigartiges Gespräch. Ich glaube, sie war Sozialarbeiterin.

Dafür war es mit den Krankenschwestern ganz anders. Die haben mir weder zugehört noch bin ich irgendwie vor denen zu Wort gekommen. Anstatt dass ich dem Arzt selbst erzähle, was für Schmerzen ich habe, haben die einfach versucht für mich zu sprechen. Ich weiß doch selbst am besten, was mir weh tut! Leider konnte dieser Engel im Spital nicht viel machen. Denn da gibt es Ärzte, die alles diktieren und das Kommando haben. Mein Engel hat mir Recht gegeben, dass die Krankenschwestern und Ärzte im Spital furchtbar sind. Sie hat mir gesagt, ich solle weggehen, nur ja weg von diesem Spital. Dann habe ich gesagt, ich packe meine Sachen und gehe weg. Ich muss immer noch lachen, wenn ich an ihre Worte zurückdenke.

Ich habe einen Antrag auf Pflegegeld gestellt, weil bei der Krankenkasse wurde mir gesagt, dass ich Recht auf Pflegegeld habe. Seit ich operiert wurde, das war im Juni, habe ich noch immer keine Antwort. Frau Müller hat dann angerufen. Sie hat gesagt, dass ich abgelehnt wurde.

Früher war alles anderes. Früher gab es ein Sozialamt in jedem Bezirk und ich hatte eine zugeteilte Sozialarbeiterin mit der ich zufrieden war. Sie hat mich einfach verstanden. Da haben wir auch Hilfe bekommen, Geld für Gewand und auch für die Schulsachen. Heute gibt es nur 130 Euro für die Schulsachen. Das deckt nicht sehr viel von den Schulkosten für Kinder ab. Ich bin der Meinung, dass im Sozialamt nur Leute arbeiten sollen, die die Personen, die zu ihnen kommen, auch verstehen. Die SozialarbeiterInnen im Sozialamt müssen zuhören können und dann etwas unternehmen. Ich habe jetzt eine neue Sozialarbeiterin. Das Sozialamt in meinem Bezirk wurde aufgelassen und es gibt jetzt nur mehr einige wenige Sozialämter in Wien, die für mehrere Bezirke zuständig sind. Heute musst du dort durchdrehen, damit du endlich die Hilfe bekommst. Meine neue Betreuerin ist eine Katastrophe. Sie hört mir einfach nicht zu und lehnt alle meine Anträge ab. Was glauben die dort bitte?! Manche Menschen haben heutzutage nichts zum Essen zum Beispiel. Aber meinem Gefühl nach wollen die das dort nicht verstehen. Unsere Regierung hat auch sehr viel damit zu tun. Sie sparen sehr viel ein. Oftmals bei Geldern, von denen die Existenz vieler Menschen abhängt. Ich frage mich: Warum?

Vor einigen Monaten war ich ja im Spital. Mein Sohn hatte anstatt die Miete für den Mai, die Miete für den Juni eingezahlt oder so. Ganz durschaue ich es auch nicht. Auf jeden Fall bin ich dadurch dann ins Minus gekommen. Da komme ich nicht mehr hinaus. Meine Miete beträgt 507 Euro. Für mich ist das sehr viel Geld. Vom Sozialamt bekomme ich ungefähr 400 Euro und 600 Euro bekomme ich vom AMS. Manchmal frage ich mich, wovon ich noch leben soll. Mein Sohn und ich sind zu zweit in der Wohnung. Ich muss Strom zahlen. Ich muss die Wohnung zahlen, Telefonrechnungen und noch weitere Rechnungen. Der ältere Sohn ist schon ausgezogen und hat eine eigene Familie. Dank ihm bin ich sogar schon Großmutter.

Meinem Gefühl nach waren Ärzte, das Sozialamt und auch die Leute im Allgemeinen früher besser und hilfsbereiter. Aber ich gebe niemals auf. Ich habe sogar Bundeskanzler Faymann einen Brief geschrieben. Er hat meinen Brief bekommen. Die Sekretärin hat mich zurückgerufen wegen meiner Schwierigkeiten mit der Wohnung und hat mir gesagt, wo ich mich hinwenden kann.

Aber ich werde sowas noch mal versuchen. Ich werde Van der Bellen auch schreiben. Ich bin froh, dass er jetzt unser Präsident ist. Weil der versteht die Leute besser. Schauen wir jetzt mal, was sich so tut. Vielleicht wird es besser. Ich hoffe es zumindest. Weil ich bin seit dreißig Jahren hier. Ich bin hier alt geworden. Unten in Serbien kenne ich mich nicht aus, aber hier kenne ich mich aus. Ich musste lernen. Und wollte lernen. Ich war immer am Kämpfen.

Zum Schluss möchte ich anderen, die in so einer Situation sind wie ich, noch mitgeben: Sie müssen stark bleiben, kämpfen und dürfen nicht aufgeben! Dann können Sie alles schaffen. Denn es gibt Hilfe, wenn Sie Hilfe suchen. Vor zwei Monaten wusste ich zum Beispiel nicht, wo mir der Kopf steht, weil ich krank war, die Miete war nicht bezahlt. Es war sogar eine weitere Miete noch offen. Meine Sozialarbeiterin und ich, wir haben gekämpft, wir haben überall angerufen bis wir es geschafft haben. Gerne würde ich verändern, dass die Leute, die wirklich Hilfe brauchen, diese auch bekommen. Manchmal reicht es auch schon, wenn jemand anders zuhört, damit die eigenen Probleme kleiner werden.

Ich bin sehr stolz darauf, dass Menschen, die aus dem ehemaligen Jugoslawien stammen, zu mir kommen, um mich um Hilfe zu bitten. Ich kenne mich nämlich mit Ämtern sehr gut aus und kann ihnen durch Tipps sehr oft weiterhelfen. Vielleicht wäre ich ja auch eine gute Sozialarbeiterin. Durch meine Erfahrungen kenne ich die österreichische Soziallandschaft nämlich ganz gut.

Das also ist meine Geschichte. Herr Poljak hat sie aufgenommen und wird sie weitergeben. Und ich hoffe, dass sie anderen, die Sozialarbeit studieren, hilft, besser zu verstehen, wie es Leuten wir mir geht.

Samo da je zdravlja, sve drugo ćemo nekako riješiti.

Nur dass wir gesund bleiben, alles andere werden wir schon irgendwie lösen.

Eine Mutter, die kämpfte wie eine Löwin

Helene Punz

Unsere Mama ist krank und das ist sie schon sehr lange. Sie muss immer wieder leiden und sie kämpft, sie kämpft wie eine Löwin. Warum kämpft sie unerbittlich und für wen? Sie liebt uns, ihre beiden Kinder, auch wenn wir sehr unterschiedlich sind. Die Liebe einer Mutter ist grenzenlos. Sie kämpft tapfer weiter, wie sie es ihr ganzes Leben lang gewohnt war. Aufgeben war nie ihre Stärke, Durchhalten war ihre Devise. Mut, Stärke und Zuversicht. Daraus können wir noch sehr viel lernen.

Ich erzähle euch die Geschichte meiner Mutter. Einer Frau, vor der ich mich aus tiefstem Respekt verneige und deren Lebensleistung ich bewundere. Meine Mutter hatte eine schwierige Kindheit, wurde nicht so geliebt wie sie sich es gewünscht hätte. Es war die Nachkriegszeit, mit all ihren Ausprägungen, Hunger, Not, Elend, keine Kleidung, kein Essen. Ein trockenes Stück Brot und manchmal ein Apfel. Auf dem langen Schulweg lag im Winter oft meterhoch der Schnee, die Kälte war klirrend. Der Schulweg war voller Gefahren. Sirenen und Fliegerbomben. Viele Male musste sie sich vor Flugzeugangriffen auf den Acker werfen. Große Angst war eine ständige Begleiterin.

Meine Großeltern, die Eltern meiner Mutter, ließen sich scheiden. Meine Mutter und ihr Bruder wuchsen in sehr ärmlichen Verhältnissen auf. Mein Onkel, ihr Bruder, um 6 Jahre jünger, wurde behütet und geliebt, das war früher bei Buben so üblich. Für meine Mutter blieb keine Liebe, kein liebevolles Wort übrig. Dennoch pflegte sie viele Jahre später dann meine Großmutter bis zu ihrem Tod. Zu ihrem Bruder hat sie heute keinen Kontakt mehr. Wie das Leben halt so Regie führt und Menschen einander wegen Missverständnissen nicht verzeihen können. Da spielt auch der Verlust des Hauses durch meinen Konkurs eine Rolle. Da kann meine Mutter nichts dafür. Ich trage dafür die Verantwortung. Wichtig ist, dass meine Mutter mir verziehen hat.

Not, Elend, Geldentwertung prägten die Jugendjahre meiner Mutter. Schlechte Noten in der Schule, damals waren noch Schläge erlaubt. Sie war froh die Schulzeit hinter sich lassen zu können. Mit 15 Jahren arbeitete sie selbst in der Wirtschaft mit, um das Überleben der Familie zu sichern. Alleine mit dem Ochsen auf dem Feld unterwegs bat sie täglich: „Hoffentlich geht der nicht mit mir durch!“ Meine Mutter heiratete einen 25 Jahre älteren Mann. Man könnte meinen, dass er deshalb erfahrener sei, war er aber nicht. Er brachte das hart erarbeitete Geld in umliegenden Wirtshäusern an die Leute. „Was scheren mich Weib und Kind. Ob die Essen haben oder und eine warme Stube kümmert mich nicht“, schien seine Devise. Drohungen und Gewalt waren an der Tagesordnung. Zahlreiche Affären mit anderen Frauen – ein Dutzend Brüder und Schwestern laufen herum, die unser Vater gezeugt hat, die wir Gott sei gedankt nie kennengelernt haben.

Die finanzielle Abhängigkeit der Frauen gegenüber ihren Gatten war damals wesentlich größer und ein Ausbruch aus dem Familienleben viel seltener, weil die Frauen einfach ausgeliefert waren. Dennoch ließ sich meine Mutter von meinem Vater scheiden und stand alleine mit zwei Kindern und ohne Geld da. Ledig Kinder groß zu ziehen war in den Sechziger Jahren ein Makel, man zeigte mit dem Finger auf meine Mutter und ließ es sie täglich spüren, dass sie etwas „falsch“ gemacht hatte. Wir lebten in einem idyllischen Winzerdorf, das damals wie heute sehr konservativ war. Ja, das Dorfleben war beinharte Realität, zum finanziellen Ruin gesellte sich der Spott. Trotzdem, im Nachhinein respektierten die Leute ihre Leistung. Meine Mutter zeigte den DorfbewohnernInnen und dem Jugendamt, dass sie in der Lage war, ihre Kinder zu erziehen. Sie stand uns Kindern bei, wenn wir mal was angestellt hatten. Und sie dachte kein einziges Mal daran, uns weg zu geben. Ihren Kindern sollte es einmal besser gehen, als es ihr selbst ergangen war.

Was tun in dieser Situation? Wie eine Löwin beschützte sie uns. Sie kochte täglich frisch, baute Gemüse am Acker an. Beim hiesigen Greisler durften wir monatlich anschreiben, bis die Kinderbeihilfe kam und sie die Lebenserhaltungskosten bezahlen konnte. Selbstgemachte Wurstknödel, Marmeladenstrudel, Knödel mit Kraut und Kraut mit Knödeln standen auf dem Speiseplan. Marmeladenpalatschinken und Topfenkäse … Hmmm, lecker! Manchmal frage ich mich heute: „Wie hat sie das alles geschafft?“ Trotz allem hatten wir eine glückliche Kindheit, in der Einfachheit. Indianer spielen und Freiheit in unberührter Natur. Mit der Zeit kamen die Prüfungen des Lebens, wir erneuerten das Haus, das wir durch die Dummheit meinerseits später wieder verloren. Aber ein Mutterherz verzeiht alles und geht geduldig seinen Weg.

Mit Fünfzig dann der Gebärmutter-Krebs. Wieder musste meine Mutter eine schwierige Situation bewältigen. Rheumatische Erkrankungen belasteten zusätzlich das Leben, seit sie 71 ist geht sie zur Dialyse. Im Sommer letzten Jahres erlitt meine Mutter einen epileptischen Anfall und musste in ein Übergangspflegeheim. Jeder und jede, der oder die schon einmal Angehörige in einem solchen Heim hatte, weiß, dass diese Betreuung fast nicht leistbar ist. Die Bezahlung des einmonatigen Aufenthalts stellte uns erneut vor eine große Herausforderung. Ich konnte die Pflege meiner Mutter nicht fristgerecht bezahlen, woraufhin das Pflegeheim mit einer Klage drohte. In dieser Zeit waren wir unendlich froh, eine Sozialarbeiterin an unserer Seite zu haben. Auch sie ist eine starke Frau und hat sich für uns eingesetzt. Durch ihr Wissen und Können ist es uns gelungen, eine Ratenzahlung an das Pflegeheim zu vereinbaren und eine Förderung zu erhalten. Seither steht sie uns in allen Lebenslagen zur Seite und ist eine wichtige Ansprechperson. Sie besucht uns regelmäßig. Besonders schätze ich an ihr, dass sie immer telefonisch erreichbar ist und wir uns auf sie verlassen können, was heutzutage eher die Ausnahme als die Regel ist.

Als ich neulich im Krankenhaus war, denn auch ich muss zur Dialyse, sah ich beim Hinausgehen ein Plakat, das mich zum Schmunzeln brachte. „Übergangspflege ist leistbar“, stand darauf. Der Eigenanteil des vierwöchigen Pflegeheimaufenthaltes betrug 1700 Euro. Meine Mutter bezieht bedarfsorientierte Mindestsicherung, da sie keine eigene Pension hat, und zahlt von den rund 860 Euro monatlich allein 580 Euro Miete. Den Rest braucht sie zum Leben, ansparen kann sie davon nichts. Wie soll jemand 1700 Euro zahlen, wenn er gerade genug zum Leben hat? Dieser Pflegeheimaufenthalt hätte mich und meine Mutter in den Ruin getrieben, wäre nicht die Sozialarbeiterin des Sozialamtes gewesen. Meine Mutter hat in ihrem Leben viele Kämpfe gekämpft, meist war sie dabei alleine. Doch bei diesem Kampf hatte sie die Dame des Sozialamtes an ihrer Seite und die beiden zusammen haben nicht aufgegeben.

Meine Mutter hatte es in ihrem Leben nicht leicht und kämpft bis jetzt gegen die Armut an. Sie hat sich noch viele Frühlinge und Sommer verdient, um das Leben zu genießen. Sie ist eine bemerkenswerte Frau, mit ungeheurem Lebensmut und Lebenswillen und Plänen für die Zukunft. Meine Mutter ist Ratgeberin und Seelentrösterin. Ich verneige mich vor ihr und verbleibe bewundernd und voller Respekt. Sie hat mich gelehrt, nie die Hoffnung zu verlieren, denn die Hoffnung stirbt nie.

Die Last auf den Schultern

Melanie Wetzel

Märchen? Wer sagt, dass es Märchen nicht auch im wahren Leben gibt? Ich habe mein Happy End schon erlebt! Hätte mir das jemand vor 10 Jahren erzählt, wie mein Leben heute ist, hätte ich ihn ausgelacht und gefragt, was er sonst noch träumt. Ich hätte mir nie vorstellen können, dass sich mein Leben so wandelt.

Es war einmal …

Ich sitze im Wartebereich und ich bin voller Hoffnung, dass sich meine Situation nach dem Gespräch verbessert. Nach einer kurzen Weile werde ich hereingeholt und darf auf dem nächsten Sessel Platz nehmen. Warum ich hier bin, werde ich gefragt. Naja? Weiß er das nicht? Na gut, dann erzähle ich ihm, warum ich hergekommen bin und was mir seit Jahren auf den Schultern lastet. Er fragt mich, ob ich Unterlagen mitgenommen habe, ja, habe ich, ich zeige sie ihm. Briefe, Vorschreibungen, einfach alles habe ich mitgenommen. Als ich anfangen will weiter zu reden, meint er nur, ja gut, er kopiere sich das jetzt schnell. Dann ist er auf einmal weg und ich sitze alleine im Büro. Merkwürdige Situation, mir geht einiges durch den Kopf. Ich fühle mich gerade so unerwünscht und mir scheint es, als möchte er das Gespräch eigentlich nur schnell abgewickelt haben. Seine Antworten sind so kurz angebunden, weiß er eigentlich, dass es für mich um meine Zukunft geht?

So und da kommt er auch schon wieder ins Büro, gibt mir meine Unterlagen zurück und sagt ziemlich knapp: „Naja, da müss' ma schaun, vielleicht geht das und vielleicht auch nicht." Ähm, okay? Ich komme her, erzähle ihm von meiner Situation, die mich seit Jahren belastet und er sagt einfach: „Da müssen wir schauen?" Ja, also das hilft mir nicht sonderlich weiter. Ich meine, er ist ja der Experte und müsste mir sagen, was zu tun und zu machen ist. Gut, also nach wenigen Minuten wird das Gespräch beendet und ich gehe aus dem Büro.

Puh, das war aber was! Was soll ich da noch sagen? Ich habe mich in dem Gespräch nicht wie Frau Kofler gefühlt, die ich ja eigentlich bin, sondern lediglich wie eine Aktennummer. Nur eine Nummer von vielen, vielen anderen. Ich fühle mich einfach verloren, mit meiner Situation im Stich und alleine gelassen. Also eines kann ich jetzt schon sagen, einen zweiten

Termin will ich sicher nicht vereinbaren, dann muss ich halt schauen wie ich meine Situation selbst stemmen kann. Ich gehe ja immerhin arbeiten, aber das Geld geht sich hinten und vorne nicht aus. Meine drei Kinder muss ich ja auch noch versorgen und da bin ich auch auf mich alleine gestellt.

Fünf Jahre später. Ich bin mittlerweile weg von der Großstadt, in der ich bis dahin gelebt habe und bin aufs Land gezogen. Meine Situation hat sich noch nicht großartig verändert, nein, sie ist noch immer gleich geblieben. Ich habe gelernt damit zu leben, ganz einfach und bescheiden. Es ist zwar immer noch eine große Last in meinem Leben, aber ich kann es leider nicht ändern. Oder etwa doch?

Na gut, ich habe zu meiner Stiefmutter ein enges Verhältnis und kann ihr sehr viel erzählen. Das hat sich vor allem mit dem Umzug verändert. Der Umzug hat wirklich viel in meinem Leben bewirkt. Ich bin sehr froh, dass ich jetzt in der Nähe meiner Eltern wohne und sie mir so auch unter die Arme greifen können.

Soll ich ihr das jetzt auch anvertrauen? Vielleicht kann sie mir dann weiterhelfen, alleine schaff ich das nicht. Aber ich hätte es so gerne alleine geschafft und ich bin enttäuscht von mir selbst, dass ich das nicht erreicht habe. Und vielleicht glaubt sie dann, dass ich gar nichts auf die Reihe bekomme? Gut, das muss ich wohl in Kauf nehmen. Dann muss ich mal wieder meinen Mut zusammennehmen und mich öffnen. Wenn das Vertrauen zu meiner Stiefmutter nicht da wäre, könnte ich das gar nicht machen. Aber ich mache es jetzt.

„Ich habe Schulden."

„Mir sitzt der Gerichtsvollzieher im Nacken."

„Der Schuldenberg ist so hoch, ich habe den Überblick verloren."

Als ich meine Stiefmutter damit konfrontiert habe, hat sie toll reagiert. Ich habe mich nicht beschämt gefühlt oder bloßgestellt. Sie hat mir gut zugesprochen, gemeint, dass es mehreren Menschen so gehe wie mir und dass wir das gemeinsam schaffen würden. Ich bin überglücklich! Es tut so gut, sich alles von der Seele reden zu können und über alles offen zu reden. Ich muss das alles nicht alleine machen, sie unterstützt mich. Eine so große Erleichterung, wie ich nach ihren Worten verspürt habe, habe ich nur selten empfunden. Es ist ein wahnsinniges und unbeschreibliches Gefühl endlich etwas an der jetzigen Situation zu ändern.

Als sie mir dann gesagt hat, dass wir einen Termin bei einer Schuldnerberatung ausmachen, habe ich mir nur gedacht: „Oh nein, nicht schon wieder!" Meine erste und letzte Erfahrung war schrecklich für mich. Aber gut, der Zuspruch meiner Stiefmutter hat mich dazu motiviert einen Termin zu vereinbaren. Ich vertraue ihr. Immerhin ist es ja durch den Umzug jetzt auch eine andere Schuldnerberatungsstelle, an die ich mich wenden kann.

Nervös und mit gemischten Gefühlen bin ich mit meiner Stiefmutter gemeinsam zu dem Termin gegangen. Wie beim ersten Mal auch schon nehme ich im Wartebereich Platz. Meine Gedanken drehen sich im Kopf. Was kommt jetzt auf mich zu? Sind die dort nicht so wie die bei der anderen Schuldnerberatung? Was wird mich hinter der Tür erwarten? Wem muss ich mich da jetzt öffnen? Und wie wird der reagieren?

Ich selbst weiß ja, welche Last ich auf den Schultern habe und dass alles muss ich jetzt jemandem erzählen, den ich gar nicht kenne. Jetzt habe ich mich schon so oft jemanden anvertrauen müssen – dem ersten Berater der Schuldnerberatung in der Stadt, meiner Stiefmutter und jetzt nochmal einer fremden Person. Ob das wohl gut gehen wird? Es ist definitiv kein leichter Schritt, den ich jetzt machen muss, aber gemeinsam mit meiner Stiefmutter werde ich den meistern können. Ich bin guter Dinge. „Frau Kofler, Sie können schon zu mir kommen", so ich werde ins Beratungszimmer gebeten. Das Gespräch war für mich wie ein Lichtblick am Horizont. Es war ein so gutes Gespräch. Besser als ich es mir hätte vorstellen können und im Vergleich zu meiner vorigen Erfahrung um Welten besser.

„Keine Angst, es ist nicht so schlimm wie Sie denken."

„Das wird schon werden."

„Wir machen einen Plan miteinander."

Solche Aussagen tun gut und bauen einen auf, wenn man sich selbst nicht mehr aus der Situation hinaussieht. Fachleute, die einen dann mit solchen Worten entgegenkommen, sind wirklich viel wert!

Für die weitere Zusammenarbeit habe ich alle notwendigen Unterlagen gesammelt und besorgt, die für die Schuldenregulierung notwendig waren. Gemeinsam mit der Frau Storch, der Sozialarbeiterin bei der Schuldnerberatung, haben wir die Gläubiger kontaktiert und auch Gerichtstermine vereinbart und erledigt. Wahnsinn, ich fühle mich bei Frau Storch in jedem Gespräch sehr wohl und ich gehe immer motiviert und voller Hoffnung aus dem Beratungszimmer. Ich fühle mich auch immer gut aufgehoben und bekomme Sicherheit in meiner Situation und das alles vermittelt mir Frau Storch, indem sie Erfahrung in ihrem Job mitbringt und dadurch auch genau weiß, was zu tun ist.

Nach einem halben Jahr ist alles geschafft. Wow! Ich bin begeistert! So kurze Zeit und ich habe es mit Frau Storch gemeinsam geschafft, dass wir den riesen Schuldenberg abarbeiten. Auch meine Stiefmutter war für das Schaffen ganz wichtig.

Begeistert bin ich auch davon, wie viel geringer meine Schulden waren, nachdem Zinsen, Inkassokosten reduziert oder sofort erlassen wurden. Das hätte ich alleine nicht zusammengebracht und das ist wirklich eine unendliche Erleichterung. Ich bin begeistert von der Unterstützung, die ich dort bekommen habe. Und weil ich so eine gute Erfahrung gemacht habe, habe ich gleich meinen neuen Lebensgefährten zu Frau Storch geschickt, die sich natürlich auch gleich hier wieder ins Zeug gelegt hat.

Jetzt fehlt ja nur mehr das passende Ende für mein Märchen:

Und wenn sie nicht gestorben sind, dann leben sie noch heute!

Engel auf Erden

HELENE PUNZ

Es hat begonnen, als die Kinder noch in der Volksschule waren. Der Große war zehn Jahre alt, die Kleine acht. Mein Mann hat angefangen sich anders zu verhalten. Er ist nach der Arbeit nicht gleich nach Hause gekommen, hat ständig angebliche Dienstreisen gemacht und musste plötzlich auch am Wochenende ins Büro. Es kam mir von Anfang an komisch vor. Ein paar Mal habe ich ihn darauf angesprochen, doch er hat mir nie eine ordentliche Antwort gegeben. Er hat immer gleich geschrien mit mir. Ich solle mich um meine eigenen Angelegenheiten kümmern, ihn in Ruhe lassen. Immerhin bringe er das Geld nach Hause und ernähre die ganze Familie. Ich war zu dieser Zeit im Krankenstand.

Mit Mitte dreißig musste ich dann in Frühpension gehen, da sich mein gesundheitlicher Zustand immer weiter verschlechtert hatte. Doch gefragt hat mich niemand, ob ich das möchte. Es hieß nur: „Mach das! So eine Möglichkeit hat nicht jeder. Wenn man so krank ist, soll man ruhig mit gutem Gewissen zu Hause bleiben." Ich bekam den Antrag auf die Frühpension vorgesetzt und sollte ihn unterschreiben. Ich fühlte mich in eine Ecke gedrängt. Ich hatte keine andere Möglichkeit und niemanden, der auf mich geschaut hat. Zu dieser Zeit hätte ich jemanden an meiner Seite gebraucht.

Ich war schon sehr früh auch mich alleine gestellt. In meiner Jugend musste ich selbständig sein. Es war nicht leicht, doch ich habe es geschafft. Ich war es gewohnt. Nun war ich auf meinen Mann angewiesen. Deshalb habe ich weggesehen, als er mich betrogen hat und ließ ihm alles durchgehen. Hätte ich mich von ihm getrennt, wie hätte ich von meiner Pension leben und zwei Kinder ernähren sollen? Ich habe oft darüber nachgedacht. Ich habe mir oft vorgestellt, einen Koffer zu packen und die Kinder in der Nacht aufzuwecken, um die Wohnung heimlich mit ihnen zu verlassen. Ich wusste, dass er mich betrügt. Geliebt haben wir uns schon lange nicht mehr. Er hat getrunken und einen großen Teil unseres Geldes verspielt. Doch ich sah keine andere Möglichkeit, als das Zusammenleben mit ihm zu ertragen. In dieser Zeit war ich zum ersten Mal in der Beratung vom Sozialamt. Die Sozialarbeiterin hat mir immer zugehört, sie war immer für mich da. Sie hat mir vorgeschlagen, dass ich mit meinem Mann gemeinsam kommen soll. Sogar das hat sie für mich gemacht. Ein Ehegespräch, um meine Ehe zu retten. Und er ist mitgekommen und hat sich zu dem Gespräch bereit erklärt. Meine Hoffnung, dass sich alles doch noch zum Guten wendet, war auf einmal wieder da.

Zwei Monate später hat er dann die Scheidung eingereicht. Es ist zur gleichen Zeit passiert, als meine Pension genehmigt wurde. Der Tag, an dem er ausgezogen ist, war der Tag, an dem meine Kinder ihren Vater zum letzten Mal gesehen haben. Er hat alles mitgenommen, was wir uns gemeinsam aufgebaut haben. Sogar das Sparbuch mit dem Heiratsgeld für die Kinder hat er mitgenommen und sich eine Wohnung im Süden der Stadt gekauft. Es hat mir den Boden unter den Füßen weggezogen. Wir hatten nichts. Schließlich mussten auch wir aus der Wohnung ausziehen, da ich mir die Miete nicht leisten konnte. Ich war am Ende meiner Kräfte. Keine Arbeit, kein Geld, keinen Mann, keine Wohnung. Schließlich sind wir in eine Zwei-Zimmer Wohnung ins Glasscherbenviertel gezogen. Von meinem Ex-Mann habe ich keinen Euro bekommen. Oft hatten wir am Ende des Monats kein Geld mehr für Essen. Im Nachhinein war das wohl die schwerste Zeit meines Lebens. Ich weiß nicht, was ich ohne die Sozialarbeiterin in der Beratungsstelle gemacht hätte. Ich weiß nicht, wo ich jetzt wäre, wenn sie nicht gewesen wäre. Sie hat sich darum gekümmert, dass ich finanzielle Unterstützung bekommen habe. Heizkostenzuschuss, Rezeptgebührenbefreiung, Anwaltskosten. Sie kennt sich überall aus. Auch wenn es nicht immer leicht war und die Anträge manchmal abgelehnt wurden, sie hat nicht aufgegeben. Wenn ich den Mut verloren habe, hat sie gesagt: „Machen Sie sich nichts daraus. Wir probieren es noch einmal. Wir finden einen Weg." Sie hatte immer ein offenes Ohr für mich und hat mitgefühlt mit mir. Das ist das, was ich am meisten zu schätzen wusste: Die Menschlichkeit. Sie ist in ihrer Arbeit ein absoluter Profi und schafft es dennoch, menschlich zu sein. Wie eine Freundin in einer Zeit, in der man sonst keine Freundinnen hat. Ein Engel auf Erden.

Ich habe versucht, meinen Kindern trotz der Umstände ein normales Leben zu bieten. Sie haben gemeinsam in einem Kinderzimmer geschlafen, ich auf der Couch im Wohnzimmer. Freunde oder Freundinnen haben sie nie nach Hause mitgebracht. Vielleicht haben sie sich geschämt. Ich habe jeden Euro drei Mal umgedreht, um meinem Sohn weiterhin seine Geigenstunden bezahlen zu können. Für das Studium meiner Kinder hatte ich jedoch kein Geld. Sie mussten es sich selbst bezahlen und das tut mir bis heute unendlich leid. Ich war eine Mutter, die es ihren Kindern nicht ermöglichen konnte studieren zu gehen. Auch ich hatte damals nicht diese Möglichkeit. Doch ich habe mir vorgenommen, es meinen Kindern einmal leichter zu machen. Sie sollen ein besseres Leben haben als ich es hatte.

Ich dachte, ich habe einen anständigen Mann geheiratet, der eine sichere Stelle in einer hohen Position hat und gut verdient. Ich wollte, dass meine Kinder anders aufwachsen als ich und andere Chancen im Leben haben. Mit der Scheidung ist mein ganzes Leben in sich zusammengefallen – wie ein Kartenhaus. Ich stand vor den Trümmern meines Lebens.

Ich habe das Gefühl, dass sich nun ein Kreis schließt. Mein Sohn ist jetzt 21 Jahre alt und studiert selbst Soziale Arbeit. Er hat immer schon etwas für Menschen übrig gehabt. Er hat eine besondere Gabe, ihnen zu helfen. Auch mir hat er schon oft geholfen. Ich frage mich, ob ich oder das, was wir zusammen durchgemacht haben, seine Berufsentscheidung schon in jungen Jahren mitbestimmt hat. Er hat aber noch eine zweite Leidenschaft: Die Musik. Bis in sein Erwachsenenalter hat er nicht aufgehört zu musizieren. Wenn alles gut läuft, wird er in den nächsten Jahren beginnen, Musiktherapie zu studieren. Er wird wohl sein ganzes berufliches Leben damit verbringen, sich um andere Menschen zu kümmern und das macht mich unsagbar stolz. So oft war ich auf Hilfe von Sozialarbeiterinnen angewiesen. Ich kann nicht oft genug sagen, wie sehr sie mir geholfen haben, wenn ich in einer Notsituation war. Und nun ist mein Sohn selbst einer, der anderen Menschen aus der Not helfen kann.

Ich find das einfach so ungerecht

Marie Therese Sramek

Nie hätte ich gedacht, dass ich eines Tages selbst eine Klientin der Sozialen Arbeit sein werde. Ich habe vorher so etwas nicht gebraucht und es ist ja auch eigentlich unangenehm, dazu gezwungen zu sein, irgendwo hinzugehen und um Hilfe zu bitten. Ich kenne dort niemanden und die kennen mich nicht und in dieser Lage zu sein, ist einfach nicht schön. Für niemanden. Diesen Menschen dort muss ich meine Probleme erzählen, das habe ich zuvor nie getan. Ich bin ein Mensch, der selbst mit seinen Problemen fertig wird und nicht um Hilfe bittet. Zu meinen Eltern habe ich keinen Kontakt, genauso wenig wie zum Vater meines Kindes. Der gibt auch kein Geld her, wodurch unser Leben erschwert wird. Denn ich habe ein Kind für das ich sorgen muss.

Die Sozialarbeiter und Sozialarbeiterinnen vom Jugendamt, die verstehen mich nicht, die nehmen alles so selbstverständlich, sie sagen mir dauernd, ich muss noch warten, aber das kann ich nicht, worauf soll ich auch warten, wieso brauchen die Jahre, um dieses Geld von dem Kindesvater zu bekommen? Eine Mutter muss sich um ihr Kind kümmern und hat auch keine Geduld, wenn es um eine Unterkunft, Geld und lebenswichtige Mittel geht. Ich werde das Unterhaltsgeld vom Kindesvater nie wieder sehen und es wird einfach nichts dagegen unternommen, keinen interessiert das dort. Ja, ich wusste dann auch einfach nicht mehr weiter und deswegen bin ich zu dieser Beratungsstelle gegangen.

Eine Freundin hat mir die empfohlen. Ich hab ihr von meinen Problemen erzählt, wodurch sie mir wiederum erzählt hat, dass sie vor einiger Zeit auch Hilfe in Anspruch nehmen musste von so einer Beratung, aber das ist schon so lange her, dass es diese Beratungsstelle, von der sie mir erzählt hat, gar nicht mehr gibt. Ich habe dann durch Herumtelefonieren eine Sozialarbeiterin erreicht, die mir zuhört, die mich wertschätzt und bei der ich mich wohlfühle. Ich wusste nicht einmal, dass es so eine Stelle gibt. Die Sozialarbeiterin schaut, dass ich mein Geld bekomme, aber das ist mir nicht das Wichtigste daran. Ich kann mit ihr reden und sie hat mir auch angeboten, dass ich kommen kann, wann immer ich etwas brauche oder auch einfach nur zum Reden. Das ist das Wichtigste! Die Menschen nicht einfach wegzuschicken, so wie bei einem Amt zum Beispiel. Ich denke, dass niemand dort gerne hin geht, um zusätzlich zu seinem Anliegen dann so behandelt zu werden. Und meine Sozialarbeiterin, die will auch wissen, wieso die Dinge sind wie sie sind, wie es weiter gehen kann und welche Ursachen meine Probleme haben könnten.

Bei mir ist einfach alles auf einmal zusammen gebrochen, sie haben mir und meinem Kind die Mindestsicherung gestrichen. Ich habe ewig auf einen Kindergartenplatz warten müssen und versucht, dann auch über eine Hilfseinrichtung einen zu bekommen, aber leider gab es nur einen in einer anderen Stadt. Deshalb hat mir auch das Arbeitsmarktservice das Geld gestrichen, weil ich nicht beim Kurs erscheinen konnte. Ich muss mein Kind jeden Tag zum Kindergarten bringen und zur selben Zeit soll ich aber im Kurs sein. Ich habe ihnen das auch versucht zu erklären, vergeblich. Auch der Heizkostenzuschlag wurde uns dann gestrichen, was ich einfach nicht verstehen kann, weil er ja genehmigt worden ist zu Beginn. All diese Probleme sind gleichzeitig aufgetreten. Meine Sozialarbeiterin hat einfach zugehört, weil ich das alles einfach so ungerecht finde und das nicht verstehen kann. Wie können das Jugendamt, die Bezirkshauptmannschaft und das AMS meine Situation nicht verstehen und mir nicht helfen wollen? Ich bin alleinerziehende Mutter und muss eben alles alleine schaffen. Zusätzlich haben wir keine österreichische Staatsbürgerschaft. Ich bin schon mein Leben lang, seit dem Kindergarten, in Österreich und werde so behandelt wie Menschen, die gerade erst hier her kommen – so als hätte ich keine Rechte! Das ist einfach ungerecht. Meinem Sohn wird die Staatsbürgerschaft auch nicht anerkannt, obwohl der Vater sie hat. Erst wenn er eine gewisse Zeit in Österreich ist, kann das getan werden und kostet aber enorm viel Geld, das ich einfach nicht besitze. Es gibt Menschen in Österreich, die bekommen finanzielle Unterstützung und nutzen ihre Position einfach aus, wo andere Menschen diese Unterstützung wirklich brauchen. Uns setzen sie mit Menschen gleich, die erst seit Wochen oder Tagen da sind. Das ist einfach ungerecht.

Und ich habe einfach niemanden! Ich bekomme keine Unterstützung von meiner Familie, begründet durch dauernde Streitigkeiten. Es ist besser, wenn wir nichts voneinander hören, weil ich ihnen so viel schon verzeihen musste und das will ich jetzt einfach nicht mehr. Jetzt habe ich meine Ruhe und auch keinen Druck mehr. Ich konnte auch ihretwegen nicht auf meinen Berufswunsch eingehen, weil sie es für mich damals besser gewusst haben. Ihre Wahl hat für mich einfach keinen Sinn gemacht, weil mich das halt auch einfach nicht interessiert hat. Ich wollte in eine Schule gehen, bei der ich später mit Kindern arbeiten kann. Mich hat diese Arbeit immer schon interessiert, vor allem, was passiert, wenn Kinder von ihren Eltern wegkommen? Aber jetzt endlich werde ich demnächst einen Kurs machen, der sich mit den Kindergartenzeiten besser vereinbaren lässt. Ich werde aus meiner Situation einfach das Beste machen und ab jetzt auch wirklich meinen eigenen Weg gehen. Ich werde meinem Wunschberuf nachkommen und eigencs Geld verdienen, damit ich meinem Kind ein schönes Leben bieten kann.

GOTT NA, ICH HABE NICHT GEGLAUBT, DASS ICH DAS SCHAFFE

MELANIE WETZEL

Ich wohne mit meinen zwei wunderbaren Kindern in einer schönen Wohnung, zentral in der Stadt. Mir geht es endlich wieder gut nach einer langen und beschwerlichen Zeit. Ich kann es nicht glauben, was ich in dieser kurzen Zeit alles geschafft habe. Sie fragen sich jetzt, was ich geschafft habe? Passen Sie auf, ich will es Ihnen erzählen.

Wenn ich an die Zeit vor sieben Jahren zurückdenke, kommen mir fast die Tränen. In was für einer Umgebung meine Kinder groß werden mussten, unglaublich! Wir haben zu dieser Zeit in einer alten, kalten und verschimmelten Wohnung gelebt. Das hab ich mir nie vorgestellt, dass meine Kinder so groß werden sollen. Die beiden Kleinen waren in dieser Zeit auch oft krank. Aus eigenen Stücken habe ich mich für eine Wohnung beworben. Nach einer kurzen Wartezeit habe ich für uns drei eine Zusage bekommen.

Ich sage Ihnen, ich habe mich so gefreut, dass können Sie sich gar nicht vorstellen. Ich war überwältigt. Endlich aus dieser schrecklichen Wohnung ausziehen! Die Zusage kam so überraschend! Ich habe eigentlich mit mindestens einem Jahr gerechnet, das ich warten muss. Mindestens ein Jahr! Da war meine Freude gleich noch größer, weil ich nach drei Monaten die Wohnung bekommen habe. Ja wirklich, es waren nur drei Monate, ein Wahnsinn! Nach der Zusage sind wir dann ganz schnell eingezogen. Wissen Sie wie schön es ist in eine Wohnung zu ziehen, ohne Schimmel, die leicht geheizt werden kann, wo es nicht andauernd kalt ist? Es ist ein unvorstellbares Gefühl! Es ist ein riesen Unterschied, wie schwarz und weiß oder wie Tag und Nacht, das können Sie mir glauben.

Die alten Möbel aus der verschimmelten Wohnung habe ich gar nicht erst mitgenommen. Zum Glück waren schon Möbel in der Wohnung, die ich übernehmen konnte. Ich bin so dankbar, dass ich hier mit meinen Kindern einziehen durfte. Und dann habe ich gleichzeitig mit meinem Einzug Frau Reiter kennengelernt. Zuerst habe ich Riesenglück, dass ich in diese Wohnung ziehen darf und dann lerne ich auch noch Frau Reiter kennen! Ich hab mich auf Anhieb mit ihr verstanden, habe sie von Anfang an sehr nett gefunden und sie war die ganze Zeit für mich da. Ach Blödsinn! Sie ist ja immer noch für mich da und das mindestens drei Mal in der Woche. Weil drei Mal in der Woche telefonieren wir oder treffen uns.

Wissen Sie, wie gut das tut, wenn man weiß, einer Person vertrauen zu können? Das ist für mich so wertvoll! Sie fragen sich jetzt, warum ich Ihnen von Frau Reiter erzähle und wie oft wir Kontakt haben? Ich will Ihnen berichten, wie mich diese Frau unterstützt hat und warum ich jetzt genau da stehe, wo ich bin. Das könnte Sie möglicherweise interessieren.

Nach dem Umzug war ich psychisch sehr belastet. Frau Reiter hat versucht mich zu entlasten, indem sie zum Beispiel im Sommer, einmal in der Woche, mit den Kindern in den Garten gegangen ist und gemeinsam mit ihnen gespielt hat. Auch hat mein Großer die Möglichkeit, einmal die Woche mit Frau Reiter seine Hausaufgaben zu erledigen. Ihm tut das gut und ich kann die Zeit nutzen, um meinem Kleinen unter die Arme zu greifen. Es klingt vielleicht nach Kleinigkeiten, aber ich sage Ihnen, dass genau solche Kleinigkeiten so wertvoll sein können. Zumindest war es bei mir so.

Auch aufbauende Worte wie „Wir schaffen das", tun der Seele so gut und machen mit mir so viel. Diese Worte zeigen mir, dass ich nach vorne schauen kann, um mich voller Freude auf die Zukunft mit meinen Kindern zu freuen, die ich jetzt endlich schaffen kann!

Sie fragen sich vielleicht schon, wer genau Frau Reiter ist? Tja, das sag ich Ihnen jetzt noch nicht. Zuerst möchte ich Ihnen noch etwas darüber erzählen, wie die Dinge sich entwickelt haben, warum ich jetzt bin, wo ich bin.

Also ich habe Ihnen ja schon erzählt, Frau Reiter hat sich immer wieder ein paar Stunden mit meinen Kinder getroffen. Aber auch ich habe mich mit ihr regelmäßig getroffen und sie hat mich in all meinen Angelegenheiten unterstützt. Briefe mit denen sich ja keiner auskennen kann oder auch Zahlscheine von Inkassobüros oder Gläubigern habe ich ihr immer wieder gezeigt. Frau Reiter hat mir immer dabei geholfen, die Schreiben zu verstehen und hat mich zum Beispiel dabei unterstützt meine Schulden zu regeln. An den Schulden haben wir bereits gearbeitet und Frau Reiter hat mir auch geholfen mich an die Schuldnerberatung zu wenden. Das war eine gute Idee und ich bin froh, diesen Schritt gemacht zu haben. Doch alleine hätt ich das vermutlich nicht geschafft.

Können Sie sich dieses Gefühl vorstellen, jemandem zu erzählen, dass man selbst Schulden hat? Ja? Also das ist alles andere als angenehm. Aber wenn Sie jemanden kennen wie Frau Reiter, der Sie vertrauen und bei der Sie wissen, dass Sie ihr sehr vieles anvertrauen können, dann ist es nur mehr halb so schwer über so ein unangenehmes Thema zu sprechen.

Ach ja, dass wissen Sie ja noch gar nicht. Die Wohnung in der ich jetzt wohne, das ist eine Übergangsmöglichkeit für eineinhalb Jahre. Ja, also das heißt, dass ich mich wieder um eine neue Wohnung umschauen muss. Gar nicht so leicht am Wohnungsmarkt und das bereitet mir auch ziemliche Sorgen. Aber zu meinem Glück habe ich Frau Reiter, die mich auch hier wieder unterstützt. Gemeinsam haben wir schon einige Möglichkeiten gefunden.

Haben Sie sich bereits gefragt, warum ich drei Mal in der Woche Kontakt zu Frau Reiter habe? Also mit ihr telefoniere oder mich mit ihr treffe? Ja?! Also das verrate ich Ihnen noch nicht, aber ich möchte Ihnen erzählen wie das für mich ist.

Für mich ist es sehr positiv, dass ich mit Frau Reiter so oft in der Woche Kontakt habe. Alles was anfällt und was mir nicht klar ist, kann ich schnell mit ihr abklären. Da ich sie sowieso oft sehe, brauche ich nicht lange warten oder sie extra anrufen. Dadurch geht auch vieles schnell weiter, was für mich wichtig ist. Mithilfe von Frau Reiter habe ich gelernt, dass man den Problemen nicht weglaufen kann, sie kommen auf irgendeine Weise wieder. Bei den Schulden zum Beispiel. Ich kann die Schulden ignorieren, aber irgendwann wird der Gerichtsvollzieher an der Tür klopfen. Dann hat mich das Problem wieder eingeholt. Also flüchte ich nicht mehr vor meinen Problemen und meinen Sorgen. Ich muss mich ihnen stellen und es gibt immer eine Lösung. Daran denke ich sehr oft. Zurzeit bin ich einfach überglücklich, dass ich in einer Wohnung wohne, wo meine Kinder gesund bleiben und es uns allen sehr viel besser geht.

Stellen Sie sich vor, ich bin ein Vogel. Vorher habe ich meine Flügel nicht benutzen können. Frau Reiter hat mir gezeigt wie ich meine Flügel ausbreite, sie bewegen kann und so kann ich jetzt mein Leben genießen. Ich kann wieder fliegen.

Ohne ihre Unterstützung wäre ich heute nicht da, wo ich jetzt bin und ich kann Ihnen gar nicht sagen, wie dankbar ich dafür bin! Ich möchte mich über diesen Weg auch bei Frau Reiter und allen anderen Personen die mich immer unterstützt haben bedanken. DANKE, dass Ihr alle für mich da wart in einer Situation, in der ich es selbst nicht mehr geschafft habe.

Das ist meine Geschichte mit Frau Reiter.

Ich heiße Frau Bekiri, bin 40 Jahre alt und wohne in einer betreuten Wohneinrichtung, wo ich mit meiner Bezugssozialarbeiterin drei Mal in der Woche Kontakt habe. Also Frau Reiter ist meine Sozialarbeiterin. Wenn ich meine Beziehung mit Frau Reiter beschreiben müsste, dann würde ich sagen, dass sie fast wie eine Schwester für mich ist, weil ich mit ihr über sehr vieles reden kann. Es haben alle Angelegenheiten Platz und genau das ist so wertvoll für mich!

Vielleicht sind genau Sie, der oder die das gerade liest, auch eine Frau Reiter für eine Person, die Sie kennen und als SozialarbeiterIn unterstützen. Meine Situation ist zwar nur eine einzige von vielen, aber vielleicht habe ich Ihnen zeigen können, was hilfreich sein kann und was für mich in dieser schwierigen Situation unterstützend war.

Ich wünsche mir für jeden, der auch so eine schwere Situation durchmacht, eine Person wie Frau Reiter an seiner oder ihrer Seite zu haben, so geht vieles leichter.

A Wohnung mecht i wieder

JOHANNA GABRIEL

I werd heute mei ganz persönliche Gschicht erzöhn. Dass man sich des besser vorstöhn kann, wie es is auf da Stroßn zu leben. I werd einfoch an gonz normalen Tog von mir schüdern und dabei auch meine Erfohrungen mit Sozialer Arbeit dazön.

Es is 6:00 Uhr in da früh und mei Wecker leit, meist hab i nu an dicken Schädl von gestern, aber i denk es passt, weil es is schön in an woamen Bett aufzuwachen. Hier in da Notschlafstö hab i a warmes Bett und die Heizung rennt, mir is net koit. I sitz mi auf, rauch a Tschick und wenns mir schmeckt, dann trink i a bissal was. I dreh den Fernseher auf und schau bis kurz vor sieben die „Puls vier" Nachrichten. Des mach i jeden Tag und es daugt mir, weil des is mei Zeit, do kum i owa und koana nervt. Dann hör i a Klopfn und woas, i muss bald raus. Es is zirka 7:00 Uhr in da früh, do klopfn immer die Sozialarbeiter und wecken olle Gäste auf, die hier schlofn. Für mi is de koa Problem, weil wie i damals hackln gongen bin, hab i schon um Fünfe in da früh raus müssen. Es is jeden Tog des selbe, wenn i des klopfn vo de Betreuer her, weiß i, mei Zeit is um, i geh ins Bad und je nachdem wie i gestern banond woa, dusch i mi oder wosch mi beim Woschbecken. Um 7:45 Uhr muss i dann raus, raus in die Kälte.

I denk mir dann, die Notschlofstö hier is schon super, die Sozialarbeiter lossn oan einfach in Ruhe und wenns Zeit ist, dann kann i reden mit mein Bezugsbetreuer, einmal im Monat triff i erm. Er is a bissal dicklich, aber i mog ihm sehr. Der hüft mir immer und schaud ma olles im Computer nach. Vor der Notschlofstö hab i in an Männerwohnheim gwohnt, auf die Zeit Blick i net gern zruck. Wieso i net gern zruck blick weis i genau, weil da wars wie im Hefn. Hefn mit Ausgong. Die Sozialarbeiter san einfoch in die Zimmer rein … ohne Klopfn. Vielleicht hams gschaud, ob i tot bin.

Aber zrück zu meiner Gschicht beziehungsweise zu an gwendligen Tog vo mir. Also, i verloss jeden Tag die Notschlofstö um kurz vor Ochte. Wenn des Tageszentrum für Wohnungslose zua hot, und des kummt vor, dann geh i mit meine Hawara zum Bohnhof. Dort is schen woam, wir lesen dann immer Zeitung, tauschen uns aus und trinken a bissal wos. Noch an Zeital is immer des selbe, die Polizei kummt und wü uns raus haun. „Der Aufenthalt in der Wartehalle ist nur noch mit gültigem Fahrausweis gestattet", sogns uns dann die Polizisten. Nojo, in solchen Momenten muss i an mein Bezugsbetreuer denken, der mit mir grod an Mobilpass beim Sozialomt ongfordert hot, mit dem konn i dann hier sitzen bleiben und koana konn mi weg scheichen.

So vergehn die Stunden auf da Stroßen. wir woatn bis ma am Abend wieder in die Notschlofstö deafn. I hab mir früher nix gschissen, aber jetzt werd i älter und mir duat a fixer Schlofplotz guad. In da Notschlofstö hab i a Klo, a Bod und a Bett.

Um 18:00 Uhr is dann wieder soweit, wir derfen zruck ind Schlofstö. Beim Eingong is a große Tür mit Gitterstäbe, die Leit stehn in ana Reihe vor da Tür und woatn bis dass eine deafn. Die Sozialarbeiter waoatn schon beim Eingong hinter ana Glosscheiben und schaun se die Zuweisungen vo de Obdachlosen on. I denk, zum Glück hat mir des P7 für die nächsten Wochen fix den Schlofplotz zugewiesen. Des P7 san die was des für die ganze Stadt regeln. I werd nett begrüßt vo de Betreuer, weil de kennen mi schon und dann geh i in mein Zimmer da hob i a Ruhe, de brauch i noch den gonzn Tog. I bin nu a bissal zua vom Alkohol und woas, owa i werd hier auch ongsoffen akzeptiert, solong i mi an die Hausordung hoit und net aggressiv werd.

Da Hunger kummt und wie jeden Tog schau i ins Betreuer-Zimmer, da gibts wos zum Essen. Um zwa Euro an Dosenfisch, a Leberwuscht an Eckerlkas und Brot. Monchmoi an guten Togn wird a Mehlspeise gespendet, da gfrei i mi immer. I kann hier um zwa Euro schlofen und essen dafür bin i wirkli donkboa.

Noch dem Essen leg i mi ins Bett, i hob a Einzelzimmer, des is net immer so, und im Bett, do foit mir ein, i hob boid wieder an Termin mit mein Bezugsbetreuer. Wir san grod dabei a fixe Wohnung für mi zu finden, des wär mein Wunschziel. Zur Suchthilfe sollt i a wieder gehen … weil mitn Alkohol sollt i a bissi runterfahren, auch meiner neichn Freindin zu liebe, die mog i nemli sehr. Letztens hot mi mei Psychologin gfrogt wie sie mir höfn konn. Do sog i zu ihr: „I woaß net. Zum saufn her i nimma auf, weil da Alkohol, der schmeckt mir, des mit da Arbeit wird a nix mehr, weil i wü a goa nimma und oid bin i a schon. A Wohnung mecht i wieder.“

I denk a nu an a Freindin, de mir damals gsogt hot: „Geh in die Notschlofstö!“ Alloa warad i net gongen. Und an mei Tochter denk i a, weil de wird nexte Wochen vierzehn Joah. Dann kumm i schon longsom zur Ruhe werd entsponnt und schlof ein, bevor da Wecker morgen wieder um 6:00 Uhr in da Früh leit.

GESUNDHEIT

Das Handlungsfeld Gesundheit kennzeichnet sich durch interdisziplinäre Vielfalt. Soziale Arbeit flankiert hier vor allem medizinische, therapeutische sowie sonder- und heilpädagogische Professionen in der sozialen Unterstützung von Menschen, die temporär oder langfristig in ihrer Gesundheit oder Funktionsfähigkeit eingeschränkt sind. Das können PatientInnen in Krankenhäusern ebenso sein wie Menschen mit kognitiven oder körperlichen Behinderungen, Personen, die ihren Alltag mit chronischen körperlichen sowie psychischen Erkrankungen meistern – egal ob sie in einer Wohneinrichtung oder selbstständig leben. Somit findet Soziale Arbeit im Handlungsfeld Gesundheit in stationären Einrichtungen, mobil in Kriseninterventionsteams oder in sozialmedizinischen Zentren statt. Ziele sind die (Wieder)-Ermöglichung eines gelingenden Alltags, der Abbau von Benachteiligungen sowie die Vorbeugung zukünftiger oder folgender Erkrankungen.

Ich habe mir mein Leben anders vorgestellt

JOHANNA GABRIEL

Es ist Herbst und ich bin auf dem Weg zu einer Wiener Einrichtung, die Sexarbeiterinnen Unterstützung bietet. Ich bin zu Fuß unterwegs, denn meine Navigations-App am Handy zeigt mir an, dass die Organisation nur 15 Gehminuten von meiner Wohnung entfernt liegt. In meiner Hand drehe ich eine Kastanie, die mir unterwegs vor die Füße gerollt ist. Wie immer bin ich vor einem Interview aufgeregt, in meinen Gedanken verlaufe ich mich in meinem Grätzel und denke: „Geh doch schneller und komm nicht zu spät, du weißt, das ist unhöflich!" Schließlich erreiche ich pünktlich die Einrichtung und atme kurz durch bevor ich läute. Die Kastanie in meiner Hand lasse ich geschwind in die Jackentasche gleiten. Ich bin verwundert, wie unscheinbar der Eingang aussieht. Die Organisation befindet sich im Erdgeschoss eines typischen Wiener Gemeindebaus. Aber was hatte ich mir vorgestellt? Einen blinkenden Neon-Pfeil? Ich schmunzle über den Gedanken, als schon eine Frau die Tür öffnet und mich begrüßt. Das ist meine Interviewpartnerin? „Du bist sicher wegen des Interviews hier. Komm doch rein, die Dame wartet schon auf dich!" Ich folge ihr durch die Türe hinein. Die Frau stellt sich als die hier tätige Sozialarbeiterin heraus, die mich auch gleich meiner Gesprächspartnerin vorstellt. Ich merke, auch sie ist nervös. Uns wird ein Zimmer zur Verfügung gestellt, in dem wir in Ruhe miteinander sprechen können.

Zur Auflockerung gebe ich ihr mein „Dankeschön Geschenk", eine Schachtel Pralinen, gleich zu Beginn. Frau B. freut sich sichtlich und ich mich mit ihr. Frau B. beginnt mir ihre persönliche Geschichte zu erzählen, die geprägt ist von Freude, Trauer und bewältigten Hürden, die sie zu dieser starken Frau machten, die nun vor mir sitzt.

„Ich bin 38 Jahre alt und komme aus Ungarn. Vor zehn Jahren nahm ich zum ersten Mal die Angebote dieser Einrichtung in Anspruch. Zu Beginn war ich oft hier, dazwischen weniger und jetzt wieder vermehrt. Vor ein paar Jahren arbeitete ich in einem Nachtclub und wurde auf einen Flyer, der in der Bar lag, aufmerksam. Darauf stand: ‚Bildungsraum für Prostituierte, eine frauenspezifische Einrichtung, Beratungen sind kostenlos und anonym.' Bis heute kann ich diesen Satz auswendig!

Ich hatte damals enormen Stress, dadurch fiel mir die Entscheidung, einen Termin zu machen, nicht schwer. Man kann sich meine damalige Situation so vorstellen: Ich konnte zu diesem Zeitpunkt keinen Millimeter mehr weitergehen, konnte keinen klaren Gedanken fassen, mein Stresspegel war am Maximum. Ich war psychisch und physisch am Ende. Kaputt. Als der Tag meines vereinbarten Termins gekommen war, wurde ich wortwörtlich von einer Sozialarbeiterin aufgefangen. Wie gesagt, ich war auch körperlich am Maximum. Die Sozialarbeiterin nahm mich damals an die Hand und unterstützte mich beim Gehen. Ich konnte zu dieser Zeit kein Wort Deutsch sprechen, nur Ungarisch, was meine Situation nicht einfach machte. Ich war erstaunt und gleichzeitig erleichtert als ich erfuhr, dass die Beratungen auch in meiner Muttersprache angeboten werden.

Um meine damalige Situation verständlich zu machen, müssen wir etwas in die Vergangenheit zurück reisen, denn früher arbeitete ich als Prostituierte. Wenn ich jetzt an meine Zeit als Sexarbeiterin denke, muss ich ehrlich sagen, ich habe mir mein Leben anders vorgestellt. Ich wollte etwas aus mir machen, wollte Geld verdienen, ein schönes Leben haben. In Österreich habe ich zu Strippen begonnen und irgendwann sagte mein Zuhälter zu mir: ‚Mach doch mehr!' Das war der Einstieg in die Arbeit als Sexarbeiterin. Ich musste meinem Zuhälter sehr viel Geld geben und mir wurde bewusst: So wird das mit dem Wohlstand nichts! Irgendwann hat es mir gereicht und ich habe beschlossen mich polizeilich zu registrieren. Weißt du, was das heißt? Das bedeutet, ich meldete mich beim Finanzamt als offizielle Sexarbeiterin an. Ich wollte nicht mehr abhängig sein von meinem Zuhälter, wollte mein eigenes Studio haben. Diesen Wunsch erfüllte ich mir, doch die Miete und die Abgaben für die Sozialversicherungsanstalt waren so hoch, dass auch hier der Traum vom Wohlstand nichts wurde.

Ich arbeitete ständig, die jahrelange Arbeit als Sexarbeiterin machte mich fertig. Aus heutiger Sicht kann ich sagen, ich hatte einen ‚Tunnelblick' dachte nur noch an die Arbeit, ich wusste mich nicht mehr zu entspannen.

An dieser Stelle komme ich wieder auf die Sozialarbeiterinnen zu sprechen. Wenn ich an damals denke und an meinen erwähnten ‚Tunnelblick', dann denke ich auch immer an die Sozialarbeiterinnen, die mir halfen mich wieder zu entspannen und die mich meinen Blick erweitern ließen. Wie sie das gemacht haben, willst du wissen? Das weiß ich genau, denn sie waren für mich da in Form von Gesprächen und bedingungsloser Akzeptanz. Sie stärkten mich. Durch dieses neue Selbstbewusstsein gelang es mir schlussendlich ohne deren Unterstützung mein Studio schuldenfrei aufzugeben und mich von der Sexarbeit zu verabschieden.

Auch wenn ich jetzt nicht mehr als Sexarbeiterin arbeite, komme ich noch immer hier her. Es braucht Zeit mit meiner Vergangenheit leben zu können. Manchmal komme ich nur für einen Kaffee vorbei, das kommt vor, wenn ich einsam bin. Ich kann auch ohne Termin hierher kommen, das finde ich erleichternd.

Die Einrichtung tut mir wirklich gut, da ich von den Sozialarbeiterinnen nicht stigmatisiert werde. Ganz im Gegenteil, ich werde hier in meinen Rechten gestärkt. Für Sexarbeiterinnen gibt es nicht so etwas wie die Arbeiterkammer, an die man sich wenden kann. Selbst im Internet findet man wenige rechtliche Informationen und wenn man sie findet, versteht man sie nicht aufgrund der schwierigen Formulierung.

Zum Thema Stigmatisierung möchte ich sagen, dass viele Menschen Vorurteile gegenüber Prostituierten haben. Oft heißt es, alle Sexarbeiterinnen sind drogensüchtig oder Alkoholikerinnen. Jedenfalls stimmen diese Auffassungen nicht. Ich kenne viele Sexarbeiterinnen, die ihren Beruf aufgrund solcher Vorurteile lieber geheim halten, weil es ihnen unangenehm ist und sie von der Gesellschaft nicht ausgeschlossen werden wollen. Ich selbst hielt meinen Beruf auch geheim und das machte mich ziemlich fertig. Es gibt gewiss auch viele junge und sehr schöne Frauen, die als Sexarbeiterinnen tätig sind. Häufig hören sie nach zwei Jahren wieder auf zu arbeiten. Während dieser Zeit wollen die meisten Frauen anonym arbeiten und laden ihre Internetanzeigen auch ohne Foto hoch. Oft wissen nur die besten Freunde oder Freundinnen Bescheid über ihre Arbeit. Sexarbeit ist in Österreich legal, aber trotzdem wird man abgestempelt. Die Geheimhaltung fällt einer sehr schwer und hier in dieser Einrichtung fällt das Schweigen über meinen Beruf weg. Das tut gut und es erleichtert mich, ich kann mich dadurch entspannen und zur Ruhe kommen.

Das ist meine Geschichte, aufgrund meines Berufes habe ich Erfahrungen mit Sozialer Arbeit gemacht.“

Das Interview dauerte 38 Minuten. Diese kurz wirkende Zeit berührte mich zutiefst. Nach dem Interview verabschiede ich mich von Frau B. Ich gehe wieder zur Tür hinaus und spaziere nach Hause. Dabei rauchte ich eine Zigarette und mir fällt auf, dass vor zirka sechs Jahren an dieser Straße noch Sexarbeiterinnen tätig waren, bis es ihnen von der Stadt Wien verboten wurde an diesem Ort zu arbeiten, denn die AnrainerInnen fühlten sich durch sie belästigt. Ich spiele das Interview nochmals in meinem Kopf durch und die Wichtigkeit, dass Sexarbeiterinnen in ihren Rechten gestärkt werden müssen, wird mir bewusst. Meine Zigarette ist zu Ende geraucht und ich stehe vor meiner Wohnung. Beim Griff nach dem Schlüssel in der

Jackentasche spüre ich etwas rundes, hartes, das ich hervor hole. Es ist die Kastanie. Ich umschließe sie mit der Hand, lächle und betrete mein Heim.

DAS HILFT, MAN FÜHLT SICH NICHT ALLEIN

MELANIE WETZEL

Liebe vergangene Brigitte,

wie soll ich diesen Brief an dich nur beginnen? Gut, ich werde es einfach einmal direkt heraus sagen. Du wirst die nächsten Jahre einiges durchmachen. Du wirst viel erleben, was ich dir gerne ersparen würde. Aber tja, nur so wirst du zu der Person werden, die ich jetzt bin. Ich weiß, du wirst dich fragen, was jetzt kommen wird, was du durchmachen werden musst. Leider weiß ich auch, dass du die Information nur schwer verarbeiten kannst. Also wenn du diesen Brief in den Händen hältst, dann setz dich doch bitte hin, wenn du jetzt weiter liest.

Unsere Tochter trinkt. Sie trinkt sehr viel Alkohol. Ja, sie ist Alkoholikerin und sie kann ihren Konsum nicht kontrollieren. Als wäre diese Diagnose nicht schon überfordernd genug, hat mir der Arzt letztens erst erzählt, dass sie auch eine Persönlichkeitsstörung diagnostiziert haben. Ich bin fertig mit meinen Nerven und ich weiß, dass du das auch nicht leicht verarbeiten kannst.

Du wirst dir wahrscheinlich die Frage stellen, wie du damit umgehen sollst. Ja, das hab ich mich auch sehr lange Zeit gefragt und konnte diese Frage für mich auch nicht wirklich beantworten. Ich meine, wir habe keine Erfahrung in der Familie oder innerhalb der Verwandtschaft mit AlkoholikerInnen, wie man mit ihnen umgehen soll oder wie sie halt so ticken. Da war ich lange Zeit einfach nur überfordert und ich wusste nicht, was richtig und was falsch ist.

Deshalb möchte ich dir auch diesen Brief schreiben, damit ich dir sagen kann, was mir geholfen hat, damit du es früher umsetzen kannst. Vielleicht vereinfacht es dann auch vieles für dich. Ich hoffe es. Die Situation mit Steffi kannst du nicht ändern, das wird kommen wie es kommen soll. Ich kann dir jetzt nur weiterhelfen wie du für dich gut damit umgehen kannst und wie es für dich besser zu ertragen ist. So wirst du hoffentlich gut zurechtkommen, und das gleich von Beginn an.

Ich habe lange gewartet bis ich nach Unterstützung gesucht habe. Sehr lange, viel zu lange habe ich versucht, die ganze Situation selbst in den Griff zu bekommen, doch irgendwann ist es mit Steffi immer schlimmer und schlimmer geworden. Dann habe ich mich nicht mehr herausgesehen. Wenn ich jetzt so zurückblicke finde ich, dass es für mich und auch für unsere restliche Familie besser gewesen wäre, wenn ich früher um Unterstützung gesucht hätte. Aber das ist so schwer. Du und ich, wir haben immer alles gut mit uns selbst ausgemacht und die Dinge allein geregelt. Aber dieses Mal, habe ich es mir damit so schwerer gemacht, als das nötig gewesen wäre.

Nun ja, dann will ich dir mal sagen, was mir weitergeholfen hat und was ich dir gleich von Anfang an empfehlen würde. Und zwar habe ich damals schon von der Angehörigenberatung gehört. Dabei habe ich mir aber dann gedacht, die können mir eh nicht weiterhelfen, weil die Situation bleibt ja dennoch meine und die kann mir eben niemand abnehmen. Und ja, dass stimmt auch. Die Situation bleibt dann immer noch meine.

Und weil wir bis jetzt nichts mit solch einer Anlaufstelle zu tun gehabt haben, hatte ich auch keine Ahnung, wie die mir dann weiter helfen sollten. Aber Brigitte, ich habe mich dann, spät aber doch, dazu entschlossen mich an eine Einrichtung zu wenden. Anfangs war mein Gedanke, dass ich für Steffi eine Unterstützung finden will. Das war dann aber nicht so. Mir wurde dann eben gesagt, dass ich darauf schauen muss, wie es mir in der gesamten Situation gut gehen kann. Du wirst dich vielleicht jetzt wundern, wie sich meine Situation verändern kann, wenn Steffi immer noch weiter Alkohol trinkt und dann eben so ist wie sie ist. Das will ich dir natürlich nicht vorenthalten.

Zu Beginn war ich immer noch skeptisch, aber ich habe mir trotzdem einen Termin mit einer Sozialarbeiterin ausgemacht und zwar bei der Angehörigenberatung. Und was soll ich dir sagen. Bitte mach es schon früher! Es tut so gut und es hat auch der ganzen Familie weitergeholfen.

Ich soll auf mich schauen! Mit Steffi so umgehen, dass es mir dabei gut geht. Eines kann ich dir sagen, es wird anfangs sicher nicht einfach sein abzuwägen, was für dich selbst besser ist. Aber mach das! Es tut wirklich gut und du musst wirklich auf dich Acht geben. Es wird eine Zeit dauern, aber du wirst auch in das hineinwachsen und damit umgehen können. Die Gespräche mit Frau Winter, der Sozialarbeiterin, tun wirklich der Seele gut. Es gibt jemanden, der dir zuhört und wenn du selbst nicht weiter weißt auch hilfreiche Tipps gibt. Du kannst einfach alles erzählen, was dir am Herzen liegt.

„Lassen Sie Ihre Tochter tun und lassen und irgendwann wird irgendwas passieren und dann wird sich alles ändern." Diese Aussage von Frau Winter hat mich daran glauben lassen, dass sich meine jetzige schwere Situation auch noch verändern kann. Mit viel gutem Zuspruch habe ich es dann auch geschafft, mich von unserer Tochter zu distanzieren.

Aber nicht nur auf die Einzelberatung mit Frau Winter habe ich mich eingelassen, nein. Es gibt auch das Angebot der Angehörigengruppe. Und von dem will ich dir auch noch genau erzählen, für das ist noch Zeit. Neben einem Arzt und einer Sozialarbeiterin waren immer einige Angehörige anderer Personen bei der Gruppe dabei. Das war wirklich sehr gut, so habe ich andere Angehörige kennengelernt und die Möglichkeit gehabt mich mit ihnen auszutauschen. Wir haben über unsere Erfahrungen, Probleme und jetzigen Herausforderungen gesprochen. Es tut so gut zu hören, dass auch andere Mütter, Väter, EhepartnerInnen oder FreundInnen ähnliche oder gleiche Erfahrungen gemacht haben wie du selbst.

„Ja, du bist nicht alleine."

„Bei anderen ist es auch so oder ähnlich wie bei dir."

„Aha, die haben das so gelöst."

„Das kann ich beim nächsten Mal auch probieren so zu lösen."

Solche Dinge gehen mir bei jeder Angehörigengruppe durch den Kopf. Du wirst dir jetzt noch nicht vorstellen können, wie gut diese Gedanken tun. Sie nehmen Druck von meinen Schultern und ich weiß, dass es andern eben auch so geht wie mir. Ich finde die Gruppe wirklich toll und würde mir wünschen, dass du schon früher die Möglichkeit nutzt. Ja, ich bin sehr gerne in der Angehörigengruppe.

Aber das will ich dir natürlich auch nicht verschweigen. Es ist jede Gruppe anders. Es sind nicht immer die gleichen Personen dabei, es geht immer um etwas anderes und mit den einen kann man mehr teilen als mit anderen.

In manchen Gruppen fühle ich mich sehr, sehr wohl, kann offen über alles reden und habe dann auch keine Angst vor den Reaktionen der anderen. Und je nach TeilnehmerInnen ändert sich dieses Gefühl. Bei anderen Gruppenterminen fühle ich mich nicht so wohl und halte mich dann in den Erzählungen eher zurück, lasse andere sprechen, weil es für mich so passender ist. Aber nichts desto trotz finde ich die Möglichkeit mit anderen Angehörigen zu sprechen eine sehr, sehr gute und bin froh, dass ich dies auch machen kann.

Durch die Einzelgespräche und auch die Gruppentermine habe ich das Verhalten von Steffi immer mehr und mehr zu verstehen gelernt und gesehen, dass es nicht nur bei ihr so ist. All meine Ängste konnte ich aussprechen und die Erfahrungen der anderen haben mir dabei geholfen mit den Ängsten umzugehen.

Liebe Brigitte, ich wünsche mir für dich, dass du den Mut hast, dich früher um Unterstützung umzusehen.

Alles Liebe,

dein zukünftiges Ich, *Brigitte*

Ich schätze besonders die Partnerschaftlichkeit

SABRINA RICHTER

Am 28. Dezember 2016 lernte ich den 33-jährigen Raphael in einer Beratungsstelle für suchtkranke Menschen kennen. Er bot sich mir an, mir Rede und Antwort über seine Erfahrungen mit Sozialer Arbeit zu stehen. Raphael konnte klar artikulieren, was er sich unter Sozialer Arbeit vorstellt und welche Eigenschaften er an seiner Sozialarbeiterin sehr schätzt. Seine Geschichte zeigt auf, wie sehr Soziale Arbeit Menschen in unterschiedlichsten Lebenslagen unterstützen kann.

Sabrina: Hallo Raphael, wie lange bist du denn schon bei der Beratungsstelle und wie regelmäßig kommst du her?

Raphael: Seit etwa anderthalb Jahren komme ich regelmäßig her, etwa alle ein bis zwei Wochen.

S: Was stellst du dir unter Sozialer Arbeit vor? Und erzähle mir doch bitte auch, wie du die Soziale Arbeit hier in der Beratungsstelle wahrnimmst.

R: Soziale Arbeit … Hmm … das ist doch ein sehr umfangreicher Begriff. Es kommt ganz auf die Institution an. Denn in der Sozialen Arbeit gibt es verschiedene Tätigkeitsgebiete, unterschiedliche Krisenschwerpunkte und unterschiedliche Klienten. In der Beratungsstelle beispielsweise besprechen wir meine finanzielle Absicherung. Ich hatte Probleme diverse Rechnungen zu bezahlen. Denn bei mir gab es Rückstände und in der Beratungsstelle wurde mir geholfen, Stück für Stück diese Rückstände aufzuarbeiten. Ich musste diverse Stellen kontaktieren und alleine wäre das sehr schwierig gewesen. Hier in der Einrichtung habe ich Hilfestellungen bekommen. Das hat mir geholfen einen Überblick zu erhalten.

S: Das hört sich super an. Was erlebst du denn als sehr unterstützend von den SozialarbeiterInnen?

R: Als besonders unterstützend erlebe ich die partnerschaftliche Zusammenarbeit. Dass man Unterstützung bekommt, bei Dingen, die man eigentlich auch selbst erledigen könnte. Oft ist es einfach schwierig, das alleine durchzuführen. Ich komme hierher, um die Aufgaben gemeinsam durchzuführen. Ich werde in der Beratungsstelle auch psychologisch betreut. Meine Sozialarbeiterin ist gleichzeitig auch meine Psychologin. Denn unabhängig davon, ob Sozialarbeiter psychologisch ausgebildet sind, haben sie natürlich auch immer psychologisch und psychosozial zu tun. Aber das ist eh klar, wenn man mit Menschen zusammenarbeitet. Sozialarbeiter sollten meines Erachtens sachkompetent, herzlich, organisiert verständnisvoll und zielorientiert sein. Ich denke, das sind die wichtigsten Eigenschaften von Sozialarbeitern.

S: Es ist schön zu hören, dass dich deine Sozialarbeiterin so toll begleitet. Was besprichst du sonst noch mit ihr, abgesehen von den finanziellen Themen?

R: Ich bekomme auch psychologische Unterstützung, aber wenn ich ehrlich bin, weiß ich nicht, ob ich diese Geschichten preisgeben möchte. Aber ich kann sagen, dass meine Sozialarbeiterin in diesem Punkt eine große Unterstützung ist. Ich kann mit ihr immer brennzliche Dinge besprechen. Ich muss sagen, mit der Betreuerin habe ich wirklich einen guten Griff gemacht und es liegt mir am Herzen, dass das nicht unerwähnt bleibt!

S: Du musst natürlich nichts preisgeben, was du nicht möchtest. Aber vielleicht kannst du mir sagen, was für Eigenschaften die Sozialarbeiter haben mit denen du zusammen arbeitest. Weshalb kannst du dich denen denn so gut öffnen?

R: Das ist natürlich von Person zu Person verschieden. Die SozialarbeiterInnen, die mich betreuen oder betreut haben, zuerst ein Herr, jetzt eine Dame, waren und sind sehr kompetent in den Sachfragen. Sie gaben mir immer gute Antworten. Und wenn sie mal nicht weiter wussten, dann hatten sie zumindest immer Ahnung, wo man nachschauen kann. Zum Beispiel bei der Freizeitgestaltung. So gaben sie mir Informationen, wo ich Kurse für wenig Geld besuchen konnte. Ich schätze sehr das umfangreiche Wissen der Sozialarbeiter und Sozialarbeiterinnen. Auch was rechtliche Fragen betrifft, aber auch Kleinigkeiten. Beispielsweise wie man sich Waschtermine organisiert.

Ich durfte Soziale Arbeit auch schon von der anderen Seite erleben. Ich habe diverse Praktika absolviert. Ich war bei Jugend am Werk und auch einmal in einer Psychiatrie. Bei manchen Sozialarbeiterinnen und Sozialarbeitern, die ich da angetroffen habe, habe ich mir schon gedacht: „Du bist hier fehl am Platz.“ Die waren mit wenig Herz bei der Sache beziehungsweise waren die auch einfach überlastet. Denn es ist bestimmt schwierig als Sozialarbeiter, dass man einerseits Dinge an sich heranlässt, aber auch wieder gut von sich wegbringt. Und manchen gelingt das nicht so gut. Da hatte ich so das Gefühl, da staute sich Wut auf und die Leute wollten die Arbeit gar nicht mehr machen. Ich durfte schon auch Menschen kennen lernen, die in diesem Job nicht gut aufgehoben waren. Aber ich muss sagen, das war die Ausnahme, nicht die Mehrheit.

S: Was schätzt du denn sehr an SozialarbeiterInnen?

R: Ich schätze besonders die Herzlichkeit, die Partnerschaftlichkeit und dass man sich sofort gut aufgehoben fühlt. Einerseits wird man nicht alleine gelassen, aber andererseits werden einem die Aufgaben auch nicht vollkommen abgenommen. Sondern es wird eben gemeinsam versucht, die Probleme zu lösen. Das schätze ich wirklich am meisten. Und könnte ich einen Tipp geben, dann wäre es auf alle Fälle, dass versucht wird, zusammen die Arbeit und Aufgaben zu erledigen. Und natürlich sollte auch die Chemie stimmen. Das sollten auch beide beachten.

S: Ja klar, die Chemie sollte auf jeden Fall passen. Für mich wäre es noch interessant, wenn du mir erzählen würdest, wie denn so ein typisches Treffen zwischen dir und deiner Sozialarbeiterin aussieht.

R: Also ich komme her und zu Beginn werden die finanziellen Problemlagen besprochen. Passt da alles, gibt es etwas Neues und so weiter. Das wird immer in erster Linie beredet. In zweiter Linie kommen dann die persönlichen Dinge. Also wie es mir geht, was gerade so los ist bei mir, was gut funktioniert und was vielleicht gerade nicht so gut funktioniert. Die Termine laufen eigentlich immer in der Reihenfolge ab. Meistens dauert es etwa eine Stunde, das reicht auch aus. Meine Sozialarbeiterin nimmt sich immer genügend Zeit für mich. Am Schluss machen wir uns ein nächstes Treffen aus.

S: Vielen Dank Raphael, dass du dir Zeit für mich genommen hast. Ich habe einen schönen Einblick bekommen, was du dir unter Sozialer Arbeit vorstellst und wie deine Betreuung aussieht. Ich wünsche dir alles Gute!

R: Gern geschehen.

Ein Weihnachtsgeschenk

Markus Köllner

Es ist Mitte Dezember. Mein Interviewpartner und ich sitzen uns in der Bibliothek einer Suchthilfeeinrichtung gegenüber. In diesem spärlich eingerichteten Raum sind zahlreiche Polstersessel verteilt oder übereinander gestapelt. In zwei der Sessel haben wir Platz genommen. Begleitet wurden wir hierher, in den obersten Stock der Einrichtung, von Herrn Bernhard, dem leitenden Sozialarbeiter. Nun sind wir zu zweit. Ich und mein Gesprächspartner, Herr Wörtner. Er ist 48 Jahre alt und absolviert eine stationäre Therapie.

Herr Wörtner hat seine Wohnung aufgegeben und entschied sich für einen mehrmonatigen Aufenthalt. Nach einer Besprechung mit Herrn Bernhard bezüglich seiner Wohnung, wurde die Suche nach einer neuen Bleibe sofort in Angriff genommen. Die erforderlichen Formulare mussten gemeinsam ausgefüllt und ein Antrag bei der zuständigen Behörde gestellt werden. Herr Bernhard hat sich für ihn eingesetzt und war ihm eine große Hilfe. Nun stehen die Chancen gut, dass Herr Wörtner nach Abschluss der Therapie in eine Wohngemeinschaft übersiedeln kann. Dies ging alles sehr schnell. „Also Negatives kann ich gar nicht berichten", meint mein Gesprächspartner.

Er erzählt aus welchen Gründen er seine Wohnung aufgegeben hat: „In meiner alten Wohnung ist so viel passiert. Dort ist viel von meiner Vergangenheit. Meine Freundin hat in dieser Wohnung Selbstmord begangen. Ich habe nicht mehr hineingehen können." Ein Freund bot Herrn Wörtner an, bei ihm zu wohnen. „Ich werde dort sicher nicht wohnen. Es sind alleine in dieser Stiege fünf Leute ‚drauf'. Lauta Giftla." Für ihn ist es ganz wichtig, dass er im Zusammenhang mit der Therapie auch sein Umfeld wechselt. „Neue Freunde, neue Wohnung, neuer Job."

„Meine Erfahrungen mit Sozialarbeit waren immer positiv. Es ist mir immer geholfen worden." Eine Situation in der Herr Wörtner Soziale Arbeit in Anspruch nahm, war 2012. Aufgrund seiner Suchterkrankung hatte er 1.400 Euro Mietschulden. Das waren vier Monatsmieten. Seine Delogierung stand kurz bevor und das alles war sehr bedrohlich für ihn. „Eine wirklich schlimme Situation, denn meine Mutter war damals krank und meine Schwester auch." Die Sozialarbeiterin einer Beratungsstelle für SozialhilfebezieherInnen, die er in seiner Notlage aufsuchte, wies Herrn Wörtner genau darauf hin, welche Unterlagen er zu einem ersten Termin mitbringen sollte. Eine Woche später kam ein versprochener Anruf. Im darauf folgenden Termin teilte die Sozialarbeiterin Herrn Wörtner mit, dass die Sache erledigt sei. „Das war kurz vor Weihnachten. Sie sagte zu mir: ‚Kommens vorbei, das Christkindl war da.‘“ Er lacht. „Sie hat mir den Erlagschein gezeigt. Das Geld ist überwiesen worden. Ich war echt gerührt und sehr, sehr dankbar. Nie im Leben hätte ich es geschafft, das selbst zu bezahlen. Ich hab mir gedacht: ‚Ich liebe Österreich und bin wirklich froh, dass ich hier leben darf.‘ Der Mensch zählt hier noch was. Keinem wird die Tür vor der Nase zugeschlagen. Ich glaube, das ist meine persönliche Meinung, dass wenn man wirklich dahinter ist, niemand auf der Straße stehen muss. Es gibt viele Angebote.“ Deshalb findet Herr Wörtner, dass die Mindestsicherung etwas ganz wichtiges ist. „Vielleicht wollen das manche ausnützen, aber ich denke mir, was soll man da ausnützen, bei 850 Euro. Das ist ja ein Ding der Unmöglichkeit. Ich selbst beziehe 870 Euro Notstandshilfe.“ Bei all den laufenden Kosten wie Miete, Strom, Gas und Telefon, ist es für ihn nicht möglich beispielsweise einmal im Monat auswärts essen zu gehen. Es wäre ein Luxus, der sich einfach nicht ausgeht. „Ich komme grad so über die Runden, muss jeden Cent zweimal umdrehen und es reicht für das Notwendigste, aber überbleiben tut mir nichts, gar nichts. Die Notstandshilfe reicht zum Überleben“, erzählt Herr Wörtner.

„Im Zuge meiner Drogensucht sprach ich bereits mehrmals in meinem Leben bei Sozialarbeitern vor.“ Meistens geschah dies in Zusammenhang mit Schuldenregulierung oder Gerichtsverhandlungen. Damals, als er eine stationäre Therapie auf der Baumgartner Höhe absolvierte, sei es schon so gewesen, dass sich die SozialarbeiterInnen sehr für ihn eingesetzt hätten. 1991 bis 1992 war Herr Wörtner in Haft. „Bei der Sucht stehst du ja mit einem Bein immer im Häfn.“ Sein Bewährungshelfer nach der Entlassung war ebenfalls Sozialarbeiter. Er unterstützte ihn dabei, in nur drei Monaten eine erste Wohnung zu finden. „Außerdem macht es einen guten Eindruck, wenn ein Sozialarbeiter zu den Gerichtsverhandlungen mitgeht.“ Herr Wörtner erzählt, wie man früher ganz unbürokratisch nach der Haft ein kleines Startkapital von 6.000 Schilling erhielt, damit man nicht gleich wieder auf die schiefe Bahn gerät. So etwas gibt es jetzt nur mehr in Ausnahmesituationen. Für Herrn Wörtner ist dies eine Folge von Einsparungsmaßnahmen, deren Auswirkungen er und andere KlientInnen zu spüren bekommen.

Ich frage ihn, wie so eine stationäre Therapie abläuft. Er berichtet detailliert, dass am Beginn der über mehrere Monate dauernden Therapie ein Gespräch mit SozialarbeiterInnen über Drogensucht und Drogenkarriere stattfindet. Nach Aufnahme erfolgt ein sechswöchiger körperlicher Entzug. An die Entzugsphase schließt eine kurze Stabilisierungsphase an, um den körperlichen Entzug ohne Stress hinter sich zu bringen. Dann beginnt erst die Therapie. Im ersten Monat finden zwei bis drei begleitete Ausgänge statt, so lange bis man nach mehreren Ausgängen alleine rausgeht. Der oder die SozialarbeiterIn, ein Arzt oder eine Ärztin und die Therapiegruppe werden den KlientInnen gleich vom Start weg zugewiesen.

Mit SozialarbeiterInnen besprechen KlientInnen persönliche Geschichten oder offene Probleme. Gemeinsam wird ein Plan erstellt: Wer sind die Freunde und Freundinnen draußen? Ist jemand von der Familie da? Möchte man arbeiten? Wie reagiert man in Risikosituationen, wenn es um Drogen geht? Gibt's Schulden oder wie sieht die Wohnsituation aus? Beratung wird auch im Hinblick darauf angeboten, ob man wieder in seinen alten Beruf zurück oder sich umschulen lassen möchte.

Nach der stationären Therapie wird Herr Wörtner weiterhin Einzel- und Gruppenangebote besuchen. Ein Verein bietet drogenfreien Menschen und Ex-Usern an, gemeinsam Volleyball und Fußball zu spielen oder Selbstverteidigungs- und Kochkurse zu besuchen. Um solche Angelegenheiten möchte er sich dann am Ende seiner Therapie kümmern.

Herrn Wörtner ist es wichtig, dass er bei allem mit eingebunden wird, mit dabei ist, Angelegenheiten, die ihn betreffen, mitentscheidet. Schlimm findet er, zwei bis drei Wochen ohne Informationen sitzen gelassen zu werden. „Ich will das nicht haben, dass das für mich immer irgendwie geregelt wird. Klar ist es super wenn jemand für dich einen Anruf erledigt, der dir schwer fällt, aber man sollte das, wenn möglich, auch selbst in die Hand nehmen."

Bei der Frage, wie der oder die perfekte SozialarbeiterIn aus seiner Sicht wäre, erwähnt Herr Wörtner erneut die Sozialarbeiterin der Beratungsstelle für SozialhilfeempfängerInnen: „Von ihr wurde ich von Anfang an freundlich behandelt. Ich hatte den Eindruck, sie setzt sich mit dem Thema wirklich auseinander. Dabei fühlte ich mich gut angenommen, das war echt, das habe ich gespürt und hat mir imponiert. Es hatte mit ihrem Auftreten zu tun, dass ich mich wohl fühlte. Sie hat mich an der Hand genommen. Was ich als hilfreich empfinde? Dass mir jemand zuhört, wirklich zuhört, ein offenes Ohr hat, wirklich auf meine Probleme eingeht, Einfühlungsvermögen und dass man gemeinsam einen Plan und eine Lösung erarbeitet. Man erwartet sich einfach Menschlichkeit." Als Beispiel fällt ihm eine junge Frau ein, die nach Beendigung ihrer stationären Therapie mit vier Monatsmieten im Rückstand war. Sie ist Mutter eines achtjährigen Sohnes und machte sich „Mördersorgen“. Vor kurzem bekam sie das „Okay“, dass alles übernommen wird.

SozialarbeiterInnen sollten Menschen akzeptieren, wie sie sind und nicht verurteilen, weil jemand vielleicht ein Häftling war oder weil er seine Wohnung verloren hat, aufgrund einer Scheidung oder so, meint Herr Wörtner. Bis jetzt machte er mit Sozialer Arbeit immer gute Erfahrungen. „Herr Bernhard, der Chef von hier, der ist wirklich super.“ Davon, dass jemand einfach abgewiesen wurde und keine Unterstützung erhielt, hat er zwar bereits gehört, persönlich ist ihm das allerdings noch nicht passiert. Einmal seien ihm bekannte Personen von SozialarbeiterInnen „von A nach B geschickt“ worden und keiner kannte sich aus. Wenn man was verbessern könnte, dann vielleicht bei der Bürokratie. „Wegen irgendwelchen Papierln zu 14 verschiedenen Amtln rennen“, empfindet er als unnötig. Die einzelnen Behörden sollten besser miteinander arbeiten. Manche Leute sagen, so Herr Wörtner, die stationäre Therapie dauere zu lange, weshalb sie dieser ablehnend gegenüber stehen. Seinem Eindruck nach werden einem durch SozialarbeiterInnen schneller Tür und Tor geöffnet, bei Ämtern zum Beispiel. „Die rufen auch bei den Richtern an und sagen denen: ‚Der macht gerade eine Therapie und versucht sein Leben auf die Reihe zu bekommen. Wenn ihr ihn jetzt verurteilt, wirft ihn das wieder komplett aus der Bahn.‘“

Manchmal geniert oder schämt sich Herr Wörtner, dass er so viel Hilfe in Anspruch nimmt. „Da fällt es mir dann schwer, aber ich kann aus meiner Haut nicht raus und bin froh, dass es die Unterstützung gibt.“ Manche Leute seien zu stolz, um sich helfen zu lassen oder wüssten gar nicht, wo sie Hilfe bekommen würden, meint mein Interviewpartner. „Jemandem, der mit Sozialarbeit noch nichts zu tun hatte, würde ich Sozialarbeit so beschreiben: ‚Da kümmert sich jemand, wenn du mit deinen Problemen oder mit einer Situation nicht fertig wirst. Man kann dorthin gehen, mit denen reden und die gehen auf dich zu und helfen dir.‘“

Herr Wörtner scheint unser Gespräch zu gefallen und er berichtet mir ein wenig mehr von seinem Werdegang. „Von 1996 bis 2008 war ich clean. Ab 2008 war ich vier Monate ‚drauf‘, dann folgte ein Entzug, wieder eineinhalb Jahre clean, wieder drauf, Entzug, zweieinhalb Jahre clean, wieder auf Entzug. Das soll jetzt nicht nach einer Ausrede klingen, aber es hat immer etwas mit Todesfällen in meinem persönlichen Umfeld zu tun gehabt.“ Kurz nachdem die Mutter von Herrn Wörtner verstorben ist, hat seine beste Freundin Suizid begannen und voriges Jahr ist seine Schwester verstorben. „Ich bin so ein Gefühlsmensch und halt das dann nicht aus. Da bin ich dann wieder rückfällig geworden. Jetzt hab ich die Schnauze aber schön langsam voll. Ich werde im März 49. Das letzte Drittel meines Lebens möchte ich nüchtern verbringen. Mit den Drogen ist es ein reines Dahinvegetieren." Bisher arbeitete Herr Wörtner überwiegend in seinem erlernten Beruf als Tischler. Die letzten Jahre pflegte er seine kranke Mutter. Deshalb möchte er sich zum Pflegehelfer umschulen lassen. Zuversichtlich ist er auch, da das AMS gerade viele Umschulungen für ältere ArbeitnehmerInnen finanziert. „Mir ist es in den letzten sechs Jahren nicht so gut gegangen, wie jetzt gerade. Ich hab die Power, dass ich mir sage: ‚Mach wieder was!'"

Brief an meine Vergangenheit

KATHRIN HARREITHER

Meine liebe Vergangenheit,

weißt du, dass es mir oft nicht gut gegangen ist mit dir? Weißt du, dass ich viele schöne, aber auch schlechte Erlebnisse mit dir gemacht habe? Ich habe mich nun dazu entschieden, dir einen Brief zu schreiben und darin meine Gedanken festzuhalten. Da ich gebeten wurde meine Geschichte mit Sozialarbeit mitzuteilen, habe ich beschlossen dir einen Brief zu schreiben, da dies schon in meiner Jugend angefangen hat.

Weißt du noch damals, als ich ein Kind war? Ich liebte das Leben am Bauernhof und in einem kleinen Dorf. Alles war schön für mich. Ich war ein glückliches Kind. Bis zur Fachschule. Dann habe ich keine so guten Erinnerungen mehr an dich, liebe Vergangenheit.

Alles begann in der Schulzeit. Ich merkte, dass ich anders war als die anderen. Irgendwie war ich komisch. Was genau es war, konnte ich damals nicht benennen, meine Gefühle waren sehr wirr. Doch schon damals machtest du alles kompliziert. Ich hatte keinen Menschen, mit dem ich über diese Gefühle reden konnte. Meine Eltern würden die sowieso nicht verstehen und in der Schule hatte ich wenige Freunde. Du hättest ruhig schon früher dafür sorgen können, dass ich Menschen um mich habe, mit denen ich über meine Emotionen reden kann. Okay, also wie gesagt, ich war also komisch. Irgendwann hielt ich es dann nicht mehr aus und beschloss mit jemanden zu reden. Ich entschied mich zur Kirche zu gehen, immerhin haben die Schweigepflicht und müssen einem doch zuhören, dass sind doch Pfarrer. Das habe ich dann auch gemacht, weißt du noch? Ob es eine gute oder schlechte Entscheidung war, möchte ich an dieser Stelle nicht beurteilen. Alles hat zwei Seiten. Der Pfarrer bemerkte jedenfalls, dass es mir wirklich nicht gut ging und ich mich irgendwie nicht im richtigen Körper beziehungsweise Leben fühlte. Er brachte mich nach Mauer, damals hatte ich ja keine Ahnung, was das ist, deshalb willigte ich ein und fuhr mit. Es war mein erster Aufenthalt in einer Psychiatrie und was soll ich sagen – die Menschen dort sind echt alle komisch, einschließlich mir natürlich.

Hier fand auch der erste Kontakt mit einer Sozialarbeiterin statt. Die war echt nett, hörte mir zu und half mir, eine Perspektive zu finden. Irgendwie gab sie mir das Gefühl, doch normal zu sein und ich fühlte mich in den Gesprächen sehr wohl.

Immer wenn's schön ist, sollte man gehen – nicht wahr liebe Vergangenheit? Mein Aufenthalt in Mauer war nun zu Ende und ich wusste wieder einmal nicht wie es weitergeht. Du hast mir auch nicht sehr geholfen, da ich ja wegen dir keine wirkliche Option hatte. So suchte ich wieder den Kontakt mit dem Pfarrer auf. Er half mir, dass ich als Praktikant auf einen Bauernhof kam. Diese Zeit war im Nachhinein gesehen sehr lehrreich für mich, da ich bemerkte, dass der Umgang mit Mitmenschen beziehungsweise die Betreuung von Menschen, zu denen man ehrlich war und sich geöffnet hat, viel leichter ist. Ich zum Beispiel habe damals auf dem Bauernhof nichts über meine Vergangenheit erzählt. Wenn ich jetzt zurückblicke sehe ich, dass es sicher anders gewesen wäre, wenn ich mich geöffnet hätte. Aber ich merkte wieder, dass ich mich eigentlich nicht sehr wohl fühlte. In Mauer bekam ich Tabletten, welche ich regelmäßig nahm, die meiner Meinung nach aber nichts brachten.

Nach dieser Zeit auf dem Bauernhof bin ich wieder nach Hause. Es war dann eine sehr schwierige Zeit für mich, da es Streitigkeiten in der Familie gab. In dieser Phase habe ich mir Hilfe bei einem Arzt gesucht, den ich von der Klinik kannte. Auch hier habe ich wieder die Erfahrung gemacht, dass die Zusammenarbeit viel besser funktioniert, wenn ich mich öffne und alles von mir erzähle. Ab dem Zeitpunkt, an dem ich alles ausgesprochen hatte, was wichtig war, waren die Gespräche sehr hilfreich für mich. So hilfreich sogar, dass ich mich nach einem Schicksalsschlag wieder dazu entschieden habe, in die Klinik zu gehen.

Durch diesen Aufenthalt ist der Kontakt mit SozialarbeiterInnen richtig losgegangen. In der Klinik erzählte ich der Sozialarbeiterin, dass ich nicht mehr nach Hause möchte. Somit half sie mir, einen Platz in einem Wohnheim zu bekommen. Zwei Jahre lebte ich dann in diesem Wohnheim und anschließend zwei Jahre in einem anderen. Beide waren betreut und ich war sehr froh über die Hilfe. Ich habe mich immer wohl gefühlt und vor allem die Gespräche haben mir geholfen. Bei allen SozialarbeiterInnen, die ich bis jetzt hatte, muss ich sagen, dass es mir sehr geholfen hat, dass ich wen hatte, der mir gegenüber sitzt und zuhört. Wenn ich alleine bin, dreht sich alles im Kopf. Mittlerweile habe ich es wieder so weit geschafft, dass ich selbstständig wohne. Ich besuche eine Tagesstruktur, die entweder Vormittag oder Nachmittag stattfindet. Ich gehe eigentlich nur hin, da es mir gut tut mit den BetreuerInnen zu sprechen. Weniger besuche ich die Tagesstruktur wegen den KollegInnen. Die Möglichkeit ist sehr schön, da man nicht alleine ist. Zusammenfassend kann ich sage, dass ich alle SozialarbeiterInnen, die ich in meinem Leben schon hatte, sehr gemocht habe und mir auch alle geholfen haben. Vor allem das gehört werden war sehr angenehm. Jedoch sind die Probleme trotz den Gesprächen da. Es wird mit dir daran gearbeitet, die Probleme in den Griff zu bekommen, jedoch gehen sie nicht weg und dieser Tatsache müssen wir leider ins Auge sehen.

Liebe Vergangenheit, ich weiß, dass ich mich mit dir auseinandersetzten muss und ich weiß auch, dass ich ohne SozialarbeiterInnen viele Schritte nicht gewagt hätte. Damals hätten weder du noch ich gedacht, dass ich jemals wieder in einer eigenständigen Wohnung lebe und auf meinen eigenen Füßen stehe.

Ich fühle mich immer noch nicht 100 prozentig wohl – aber schon viel wohler als damals. Nach jedem Schritt in meinem Leben ging es mir besser und deshalb blicke ich mit Optimismus in die Zukunft und hoffe, dass ich bald sagen kann, es geht mir toll.

Ich will dir abschließend noch sagen, liebe Vergangenheit, dass es oft nicht leicht war mit dir, ich aber keinen Schritt bereue, den ich gesetzt habe. Ich habe mich vielleicht manchmal zu wenig mit dir auseinandergesetzt, hab dies aber immer dann auch wieder zu spüren bekommen. Vielleicht schaffen wir zwei es eines Tages, dass wir miteinander leben können und du mich nicht immer wieder einholst.

Liebe Grüße,

XXX

Meine Gebete lagen falsch

EDITH

Mein Name ist Edith und ich bin Alkoholikerin. Seit genau drei Jahren und drei Monaten bin ich „trocken". Als ich mit 40 Jahren zum ersten Mal arbeitslos wurde, ging es mit mir rapide bergab. In einem Zeitraum von acht Jahren hatte ich zwei Räumungsklagen, drei Führerscheinentzüge, drei stationäre Aufenthalte in der Psychiatrie, zwei Mal je drei Monate Langzeittherapie und mehrmals wurde ich auf die Interne Abteilung eines Landesklinikums eingeliefert. Ich konnte den Alkohol nicht loslassen. Ich musste meinen absoluten Tiefpunkt erreichen. Heute bezeichne ich es als meinen Wendepunkt zu einem besseren, lebenswerten Leben.

Als ich im Winter 2013 nach 12 Wochen Langzeittherapie nach Hause entlassen wurde, griff ich eine Woche später, am 5. Dezember, ganz leichtsinnig zu „nur einem Becher" Glühwein an der Punschhütte. Gefolgt von einer ganzen Dopplerflasche Wein an der Tankstelle. Am selben Abend noch fand ich mich in der Psychiatrie wieder. Mit 1,3 Promille. Der Oberarzt verordnete mir Antidepressiva, welche ich ablehnte. Daraufhin schickte er mich nach Hause mit der Aussage: „Gehen Sie heim und sortieren Sie Ihr Leben!"

Ich rief meinen Sponsor von den Anonymen Alkoholikern an und fragte: „Was soll ich denn jetzt machen? Ich bin von der Psychiatrie hinausgeschmissen worden!" Er: „Beginne doch endlich mit dem AA Programm!"

Ich hatte einen Glauben an Gott! Doch meine Gebete lagen falsch! Ich stellte immer Forderungen an meine Mitmenschen: Sie mögen sich ändern. Erst als ich im Programm den 4. Schritt durcharbeitete – „Wir machten eine gründliche und furchtlose Inventur in unserem Inneren" –, kam sehr viel ans Licht, woran ich falsch lag! Im 5. Schritt erkannte ich meine Irrtümer und Fehler, besprach sie mit meinem Sponsor und betete zu Gott, er möge meine Mängel von mir nehmen. Ich wurde bereit. Im 9. Schritt bemühte ich mich um Wiedergutmachung und im 12. Schritt darf ich die Botschaft an noch leidende AlkoholikerInnen weitergeben.

Durch regelmäßige Besuche der AA-Meetings, Teilen von Erfahrung, Kraft und Hoffnung und tägliches Schreiben meiner Inventur verschaffe ich mir Klarheit über mein Leben. Als Folge davon konnte ich in meiner Wohnung bleiben, die Sachwalterschaft loswerden und einen Führerschein ohne Ablauffrist wiederbekommen. Heute führe ich ein Leben, das wieder lebenswert ist.

Und in welcher Weise mich SozialarbeiterInnen bei dieser Lebensumstellung unterstützt haben? Als ich in stationärer Behandlung war, wurde mir ein Sozialbetreuer zugeteilt, der mir eine Sachwalterschaft angeraten hatte. Zu diesem Zeitpunkt war ich sicher nicht selbst in der Lage meine finanziellen Angelegenheiten in Ordnung zu bringen. Seit ich durch die AA trocken wurde, ging ich weiterhin ambulant in eine Betreuungseinrichtung für suchtkranke Menschen. Ich vereinbarte wöchentlich einen Einzeltermin bei der Sozialarbeiterin und konnte so über meine Geldangelegenheiten wieder einen Überblick gewinnen. Nach sechsmonatiger Trockenheit überzeugte ich den gerichtlichen Sachverständigen davon, dass ich inzwischen ohne Sachwalter gut für mich sorgen könnte. Dieses Gespräch hatte die Sozialarbeiterin mit mir vorbereitet.

Eine weitere Hilfeleistung erfuhr ich durch die Sozialabteilung der Bezirkshauptmannschaft Baden. Ich erhielt eine finanzielle Unterstützung von zwei Wohnungs-Mieten, „Hilfe in besonderen Lebenslagen“ hieß das. Auch dadurch und durch die kompetente Beratung der Sozialarbeiterin gelang es, die Besachwalterung wieder zu beenden. Der Gerichtsbescheid kostete 175 Euro und die 15-monatige Tätigkeit der Sachwalterin 900 Euro. Diese durfte ich in 15 Raten abbezahlen.

Heute bin ich wieder ein freier Mensch. Ich kann mit der AMS-Notstandshilfe meine laufenden Kosten wie Wohnungsmiete, Strom- und Gasrechnung, Haushaltsversicherung und so weiter bezahlen. Meinen Führerschein habe ich wieder ohne Eintrag einer Befristung und ich darf ganz gesund mit meinem Fahrrad unterwegs sein. Als ich noch trank konnte ich mir nicht vorstellen, wieder ein normales Leben zu führen. Dies war nur möglich durch die Gemeinschaft der „Anonymen Alkoholiker“, gute SozialarbeiterInnen am richtigen Platz und einen liebenden Gott.

In Dankbarkeit,

Edith,
eine „Anonyme Alkoholikerin“

DER FREIZEITCLUB

MARKUS KÖLLNER

„Wer will noch Gugelhupf?", fragt Elisabeth in den Moment der Stille. Einer Gruppe von zwei Frauen und sechs Männern habe ich soeben meine Interviewfragen vorgelesen. Neben der Frage nach weiterem Gugelhupf steht auch die Frage im Raum, wer von den Anwesenden sich als GesprächspartnerIn zur Verfügung stellen möchte. Nach einem kurzen Innehalten melden sich Gerhard und Josef beinahe gleichzeitig. Da beide das Interview führen möchten, schlage ich vor, die Angelegenheit durch Stein, Schere und Papier auszuknobeln. Gerhard gewinnt.

Einmal pro Woche treffen sich KlientInnen einer Organisation, die Menschen mit intellektueller Beeinträchtigung unterstützt, für gemeinsame Freizeitaktivitäten. Heute wird weihnachtlicher Türschmuck gebastelt. Der Freizeitclub liegt zentral in einer städtischen Einkaufsstraße. Gerhard und ich begeben uns in das Büro, das sich ebenerdig zwischen dem Gemeinschaftsraum und der Einkaufsstraße befindet.

Bereits bei meinem heutigen Eintreffen wurde ich von der anwesenden Gruppe dazu eingeladen, uns gegenseitig mit „Du" anzusprechen. Daher bin ich auch mit Gerhard per Du. Er ist 40 Jahre alt und Klient einer Einrichtung für teilbetreutes Wohnen, wo er in einer betreuten Wohngemeinschaft lebt. Außerdem besucht er eine Werkstätte bei derselben Organisation. Im Juni rutschte er mit seinem Moped in einer Kurve aus und verletzte sich am Sprunggelenk. Zuerst dachte er, es wäre nichts passiert und ging zu Fuß nach Hause. Da er doch ziemlich „herumhatschte", wie Gerhard erzählt, riet ihm eine Betreuerin ein Spital aufzusuchen. Mittlerweile ist alles verheilt und Gerhard ist wieder mit dem Moped unterwegs. Moped fahren bedeutet für ihn Freiheit und Unabhängigkeit. „Ich fahre damit überall hin, zum Beispiel in meine Arbeit in einer Malerwerkstatt, außer wenn es saukalt ist." Durch die verschiedenen Malereiaufträge kommt er viel innerhalb der Organisation herum. „Seit drei Jahren bin ich in der Halbbetreuung. Davor habe ich zuhause gelebt. Für die Halbbetreuung habe ich mich entschieden, da ich für die Vollbetreuung zu selbständig bin", erzählt Gerhard. Zusammen mit vier anderen Männern lebt er in einer Wohngemeinschaft. Jeder hat dort sein eigenes Zimmer. Küche, Ess- und Wohnzimmer, Balkon, Bad und WC benutzen alle gemeinsam. Die Wohnung befindet sich am Stadtrand, fünf Minuten vom Zentrum entfernt. Für meinen Interviewpartner ist es wichtig, dass Leute nicht irgendwo abgeschieden am Land hinter Zäunen leben. Das findet er nicht „sozialwürdig", wie er es ausdrückt. KlientInnen sollten mehr eingegliedert sein und die Möglichkeit haben, selbständig soziale Kontakte außerhalb der Organisation zu pflegen, meint Gerhard. „Es passiert gerade Veränderung. Einiges wird offener, aber es geht langsam. Das ist eine schwierige Angelegenheit."

Gerhard erklärt, was Halbbetreuung bedeutet: „Ein paar Stunden in der Woche ist jemand von den Betreuern da. Mit den Betreuern wird gequatscht. Am Anfang hab ich mich das noch nicht so getraut und war meistens in meinem Zimmer." Jeder hat eine Bezugsbetreuung, die für einen Bewohner die vorrangige Ansprechperson ist. Die BetreuerInnen begleiten zu Arztterminen, helfen dabei, Kleidung zu kaufen oder Kleidung zum Nähen zu geben und unterstützen bei Behördenwegen. Einmal verlor Gerhard seinen Behindertenpass. Gemeinsam mit den BetreuerInnen wurde eine Verlustanzeige erstellt. Der Ersatz wurde einige Tage später zugeschickt. Eine von Gerhards Schwestern ist als Sachwalterin für seine finanziellen Belange und behördlichen Angelegenheiten zuständig. Sie musste ebenfalls den Antrag auf einen neuen Behindertenpass unterschreiben. „Tschüühüüüss ich geh schon! Tschüss!" Da das Büro auf dem Weg zur Eingangstür liegt, verabschiedet sich Peter, als er bei uns vorbeigeht.

Besuche bei Ärzten und Ärztinnen erledigt Gerhard normalerweise alleine. „Ich hab gesagt, dabei brauch ich keine Begleitung und das ist okay so, aber es gibt Sachen, wo ich eben Hilfe brauch, wie beim Mopedunfall." In der Freizeit unternehmen Gerhard und die anderen Klienten der Wohngemeinschaft regelmäßig etwas mit den BetreuerInnen. Voriges Wochenende wurde ein Weihnachtsmarkt besucht. Am Wochenende davor waren alle gemeinsam Schwimmen. Jedes Jahr werden von BetreuerInnen und KlientInnen gemeinsame Urlaube organisiert, zum Beispiel nach Kroatien oder ins Burgenland. Sind die BetreuerInnen in der Wohngemeinschaft, wird oft zusammen gekocht. Ohne BetreuerInnen vor Ort fällt die Wahl meist auf Fertiggerichte. Mit Geldangelegenheiten haben die BetreuerInnen nichts zu tun, erzählt Gerhard. Jeder Bewohner hat pro Woche 25 Euro für Lebensmittel zur Verfügung. „Das geben wir dann gemeinsam für Brot, Käse, Obst und Gemüse aus. Meine Sachwalterschwester bringt mir Geld vorbei, wenn ich eines brauch." Seit einigen Monaten ist es neu, dass gemeinsam mit der Chefin der BetreuerInnen ein Treffen stattfindet. Einmal im Monat setzen sich nur Bewohner und Chefin zusammen und reden über alles, was den Klienten gerade wichtig ist.

Ein besonders schönes Erlebnis war ein Urlaub in Kroatien. „Monika, Beate und Helga waren die Betreuerinnen, die mitgefahren sind. Das sind einfach lustige Menschen. Beate hat ein eigenes Lachen und so eine positive Ausstrahlung. Besonders mag ich die Monika, aber auch die BetreuerInnen der Wohngemeinschaft. Meine Bezugsbetreuerin, die Doris, ist voll okay. Mit der kann man richtig Spaß haben. Am Abend hat im Hotel immer eine Liveband gespielt. Beim Abendessen sind wir dann länger gesessen. Am vorletzten Abend habe ich mit den Betreuerinnen sogar freiwillig getanzt!“ Damit Gerhard nach dem Mopedunfall mit seinem kaputten Fuß in den Urlaub ins Burgenland mitfahren kann, haben die BetreuerInnen sogar extra einen Rollstuhl für ihn organisiert.

Nächstes Jahr beginnt eine neue Betreuerin in der Wohngemeinschaft zu arbeiten, da eine der Frauen in Pension gehen wird. Eine andere Betreuerin hat vor kurzem in einen anderen Projektbereich innerhalb der Organisation gewechselt. „Da begann jemand komplett Neuer.“ Auf meine Frage, wie es ihm mit diesen Veränderungen gehe, antwortet Gerhard: „Das bekomme ich eigentlich normal gar nicht so mit, weil ich so ein offener Mensch bin.“

Den Freizeitclub besucht Gerhard normalerweise jeden Freitag. „Heute ist halt Basteln.“ Aber auch ein Englischkurs wird angeboten. Ab und zu findet ein Spielenachmittag statt. Hauptsächlich kommt er in den Freizeitclub, um mit den anderen BesucherInnen zu quatschen. „Es können eben Leute von außerhalb kommen. Es ist egal, wo man wohnt, von überall. Das wollen wir auch. Damit die Leute wissen, was wirklich passiert, nicht dagegen denken und mehr eingegliedert sind.“

„Tschüss! Ciao!“ Wieder verlässt ein Besucher des Freizeitclubs das Gebäude.

Ich meine zu Gerhard, dass das alles ziemlich toll klinge und ob es etwas gebe, dass er verändern wollen würde. „Verbesserungsvorschläge wüsste ich jetzt keine, da es bei mir gut läuft. Bei mir ist alles offen, in alle Richtungen, das finde ich gut so. Ich bin selbst ein offener Mensch. Man kann sich innerhalb des Wohnens immer verändern.“ Da Gerhard selbst ein offener Mensch ist, ist es ihm auch wichtig, dass BetreuerInnen offen sind. Denn es gibt immer Veränderungen. „Das Land macht jetzt Veränderungen. Die fangen eben jetzt bei uns auch an. Wir bekommen hoffentlich bald eine neue Werkstätte.“ BetreuerInnen müssen laut Gerhard jetzt mehr Dokumentation und Berichte schreiben. „Wir können die Berichte, die über uns geschrieben werden, und unsere Akte selbst lesen. Darin dürfen nur neutrale Sachen stehen. Dass jemand einen schlechten Tag hatte oder so, darf nicht mehr sein. Das ist früher oft drinnen gestanden.“

Frauen wohnen in der Wohngemeinschaft nicht, obwohl das möglich wäre. Gerhard erzählt, mit allen anderen ziemlich gut auszukommen. „Mit einem aus der WG bin ich gut befreundet. Er ist auch ein offener Mensch." Sein Ziel ist es. einmal zu zweit mit diesem Freund zu wohnen.

Christina, die Betreuerin, die an diesem Samstag im Freizeitclub ist, kommt zum Büro und signalisiert mir, dass es schon langsam Zeit ist, das Interview zu beenden. Die verantwortliche Person für den Freizeitclub diese Woche, Pamela, hat Zahnschmerzen und möchte heute noch unbedingt zum Zahnarzt gehen. Also verabschiede ich mich von Gerhard, obwohl ich noch stundenlang mit ihm hätte plaudern können. Schade, dass wir so selten ohne Zeitdruck mit Menschen ins Gespräch kommen, die ihre reichhaltigen Erfahrungen und Einschätzungen mit uns teilen.

STRAFFÄLLIGKEIT

Das Verhältnis von Verbrechen und Strafe wird in letzter Instanz durch die staatliche Gewaltenteilung realisiert, auch wenn die vierte Gewalt im Staat, die Medien, dies manchmal vergessen lassen. Die darauf folgenden sozialen Konsequenzen für Personen, die einer Straftat verdächtig werden oder aufgrund einer solchen verurteilt wurden, sind Gegenstand von Sozialer Arbeit in diesem Handlungsfeld. Die professionellen Handlungsbedingungen lassen sich vielfach mit dem Begriff „Zwangskontext" charakterisieren, Soziale Arbeit agiert auf Weisung von Gerichten oder im Rahmen des Strafvollzugs – nichtsdestotrotz oder auch gerade darum finden hier in besonderem Ausmaß fachliche Strategien ihren Ursprung, die gelingende Beziehungsarbeit trotz beidseitiger Verpflichtung zu ermöglichen versuchen. Hinzu kommen jedoch auch Bereiche, die auf freiwilliger Kooperationsbasis ruhen, etwa die Haftentlassenenhilfe, die wir in diesem Band leider nicht abbilden konnten.

DENKT NICHT, WIR SEIEN EXTREM HILFSBEDÜRFTIG

SARAH WENINGER

Gefängnis! Forensik! Nervenklinik! Forensik! Wohngemeinschaft für geistig abnorme Rechtsbrecher! Das sind meine unterschiedlichen „Stationen" der letzten Jahre. Grund dafür ist eine von mir begangene Straftat – versuchter Mord. Meine Name ist Dominik, ich bin 29 Jahre alt und derzeit im Maßnahmenvollzug auf Unterbrechung der Unterbringung in einer Wohngemeinschaft für geistig abnorme Rechtsbrecher. Das bedeutet, ich bin in dieser rund um die Uhr betreuten WG nicht mehr wirklich eingesperrt. Ich muss also keine Ansuchen für's Rausgehen mehr schreiben, muss nur noch die Visite und Spritzengabe in der Forensik machen, ansonsten bin ich halbwegs frei.

Wie man sich nun denken kann, war ich in diesen „Stationen" mit sehr vielen unterschiedlichen SozialarbeiterInnen in Kontakt, die eigentlich allesamt sehr kompetent, aber trotzdem sehr verschieden waren. Ich denke, da kommt es auch immer stark auf den Background des Sozialarbeiters an, welche Ausbildung er hat und welche Erfahrungen mit psychischen Erkrankungen er bereits gemacht hat. Wenn er schon länger in diesem Beruf ist, hat er bestimmt ein besseres Bild von den Anforderungen, die die Klienten an die Sozialarbeiter stellen. Aber vor allem die soziale Komponente spielt beim Sozialarbeiter auf jeden Fall eine sehr große Rolle, also dass er gut mit Menschen kann. Bei meinen SozialarbeiterInnen gab es eigentlich nichts zu beklagen. Über meine erste Sozialarbeiterin, Kathrin vom Sozialen Dienst, gibt es eigentlich nicht sehr viel zu erzählen. Sie war hauptsächlich in der Zeit im Gefängnis und der ersten Forensik für mich zuständig – das war ja nicht so lange – und auch immer sehr bemüht. Die Zeit in der Nervenklinik und auch der Kontakt mit Jörg, dem dort zuständigen Sozialarbeiter, ist bei mir etwas verschwommen in Erinnerung. Ich war aufgrund einer Psychose nicht sehr fit, was ich aber noch weiß ist, dass er trotz meines Zustandes immer sehr gut auf mich eingegangen ist.

In der zweiten Forensik gab's dann Paul, der bei mir sehr stark in Erinnerung geblieben ist. Bei ihm war das Besondere, dass er selbst auch einen Bruder mit psychischen Problemen hatte. Ich glaube, dass er vor allem deshalb in manchen Situationen mehr Verständnis zeigen konnte. Er ist oft auf Sachen eingegangen, bei denen ich selbst nicht gewusst hätte, dass sie überhaupt wichtig sind. Oder hat mich auf Dinge gebracht, an die ich vorher nie gedacht hätte. Er war auch immer sehr bemüht, dass ich all meine

Termine wahrnehme und dass bei mir alles funktioniert. Sehr geschätzt habe ich auch, dass er mir nie etwas aufzwingen wollte. Über Paul wurde es mir auch ermöglicht, ein Arbeitstraining bei der Firma X zu machen, in das ich bis heute zwei Mal wöchentlich gehe. Da hat's aber auch eine Sache gegeben, die mich etwas gestört hat. Paul hat mir das Arbeitstraining zwar vermittelt, mir aber verschwiegen, dass ich Unbeschäftigten-Geld bekommen hätte, wenn ich es nicht gemacht hätte. Da hat man schon gemerkt, dass bei den Sozialarbeitern der Druck besteht, die Klienten wieder ins Arbeitsleben einzugliedern. Aber im Endeffekt bin ich ihm dankbar, weil ich auch weiß, dass er nur wollte, dass ich wieder auf die Beine komme und etwas zu tun habe. Leider hat er dann gekündigt, woraufhin eine andere Sozialarbeiterin, Sabrina, meine Bezugsbetreuung übernommen hat. Nach einiger Zeit in der zweiten Forensik wurde mir dann eine UdU, das ist kurz für „Unterbrechung der Unterbringung", und der Einzug in die Wohngemeinschaft bewilligt. Sabrina ist aber weiterhin meine Sozialarbeiterin beziehungsweise Ansprechpartnerin in der Forensik. Bis zur bedingten Entlassung laufen Entscheidungen noch über sie. Ich glaube erst mit der bedingten Entlassung werden dann die Aufgaben schrittweise an die Sozialarbeiter in der Wohngemeinschaft übergeben. Deshalb finde ich persönlich es etwas unnötig, zurzeit in der Wohngemeinschaft noch zusätzlich einen eigenen Bezugsbetreuer zu haben. Alles was abgeklärt werden muss, muss mit Sabrina aus der Forensik gemacht werden. Wofür dann der Sozialarbeiter hier? Ich wollte zum Beispiel an Silvester über Nacht weg bleiben und habe meinen Bezugsbetreuer Herbert in der Wohngemeinschaft um Erlaubnis gefragt. Dieser musste das aber erst mit Sabrina aus der Forensik abklären und im Endeffekt war es dann nicht möglich. Ich weiß aber nicht, ob Sabrina etwas dagegen hatte oder die Sozialarbeiter hier. Ich denke aber, dass Sabrina nicht einverstanden war und da wäre es meiner Meinung nach besser, wenn ich selbst gleich mit ihr sprechen würde, da ich ihr dann schildern könnte, warum ich das machen möchte. Es ist fast ein wenig zu viel, wenn das immer über so viele Ecken läuft. Vor allem in der Übergangszeit, wo man eh noch so viel mit der Forensik zu tun hat. Aber ich kann mir auch vorstellen, dass es vielleicht deshalb so angedacht ist, um sofort einen leichten Einstieg zu haben, also um sich an die Sozialarbeiter gewöhnen zu können.

Aber nun zurück zur letzten „Station". Wie bereits erwähnt, bin ich seit einiger Zeit in der Wohngemeinschaft. Das Schöne hier ist, dass man freier als im Gefängnis oder der Forensik ist. Ich kann mir hier viel von meinem Tag und meiner Zeit selbst einteilen. Ein normaler Tag beziehungsweise eine normale Woche sieht dann bei mir in etwa so aus:

Ich stehe in der Früh auf und frühstücke mit Franz, ebenfalls ein Bewohner von hier. Dann wird gecheckt, welche Tagesstrukturen ich habe. Da gibt's ganz unterschiedliche. Haustätigkeit, Werkstatt, Freiraum, Trainieren, Produktverarbeitung, WG-Reinigung, Haus- und Gartenservice, Spiel und Sport, Fit und Bewegung. Das muss ich mir immer montags aussuchen, was ich dann die ganze nächste Woche machen will. Haustätigkeit heißt zum Beispiel im Haus etwa eine halbe Stunde zu putzen. Das mache ich meistens am Freitag, manchmal auch am Montag. Montags fahre ich trainieren und in den Freiraum. Wenn ich dann noch Zeit habe, mache ich auch noch die Werkstatt mit. Das ist aber nicht immer so, ich schaue schon, dass ich ab und zu ein bisschen wechsle. Dienstag und Mittwoch gehe ich dann arbeiten und kann bei keinen Tagesstrukturen mitmachen. Freitags ist immer die WG-Reinigung. Und wenn ich keine Tagesstrukturen habe oder nicht arbeiten bin, gehe ich öfters Laufen oder Einkaufen und koche dann. Die restliche Zeit sekkiere ich die Betreuer. Das heißt, ich sitze dann bei ihnen im Büro und wir reden und scherzen miteinander oder spielen Karten, was aber eher selten vorkommt. Zwischendurch habe ich dann auch öfters Gespräche mit Herbert. Inhalte sind zum Beispiel zukünftige Pläne, die man hat, weil die Sozialarbeiter schon wollen, dass man selbständig etwas macht. Oder Herbert fragt mich, ob ich irgendwelche Anliegen habe und wir gehen dann Punkte durch, die wir beim letzten Mal oder vor zwei Wochen besprochen haben. Das wird dann Schritt für Schritt durchgearbeitet und so werden gemeinsam Lösungen gefunden. Also im Idealfall. Immer und sofort geht das natürlich nicht.

Obwohl ich nicht freiwillig mit Sozialarbeitern in Kontakt war und bin, bin ich sehr glücklich darüber, sagen zu können, dass sich durch die Soziale Arbeit etwas in meinem Leben verändert hat. Ich bin jetzt ein wenig organisierter als früher. Ich bereite mich mit den Sozialarbeitern auf Treffen vor. Wenn ich zum Beispiel irgendwelche Sachen zu lesen habe oder Behördengänge machen muss, richte ich mir die Unterlagen zusammen. Ich schreibe mir jetzt Termine, die ich habe, auf. Und es hat sich auch mein Umgang mit Menschen ein wenig verändert. Ich lasse jetzt öfters zu, dass andere Leute irgendwie die Führung übernehmen. Ich schaue, dass ich nicht mehr alles alleine mache. Früher wollte ich immer alles alleine machen. Ich kann also sagen, dass Soziale Arbeit mich auf jeden Fall verändert hat.

Einen Tipp möchte ich zum Schluss noch loswerden, an alle SozialarbeiterInnen, aber auch alle anderen: Bitte denkt nicht, wir KlientInnen seien irgendwie extrem hilfsbedürftig. Das ist ganz wichtig. Seht euch als BeraterInnen und nicht als Angestellte von KlientInnen. Das wäre für das

Verhältnis gesünder. Also auf der einen Seite nicht mit der Hilfe erdrücken, aber auf der anderen Seite auch nicht nur das Nötigste machen!

BERUF UND BILDUNG

Das Berufsleben in all seinen Facetten ist Gegenstand dieses Handlungsfeldes: Wege hinein ins Berufsleben, die Ermöglichung überhaupt zu arbeiten, etwa durch Assistenz oder stellvertretende Inklusion in den Zweiten Arbeitsmarkt, die Begleitung durch Phasen der Erwerbslosigkeit sowie die Unterstützung zur Beendigung des Erwerbslebens, also die Beantragung der Pension. Auch hier ist Soziale Arbeit nicht alleine tätig, sondern in enger Kooperation mit anderen Berufsgruppen, Ausbildungsträgern, Sozialversicherungsträgern und so weiter.

Immer ein offenes Ohr

SABRINA RICHTER

Ich möchte heute einen kleinen Ausschnitt meiner persönlichen Geschichte mit Sozialer Arbeit erzählen. Dafür müssen wir jedoch in der Zeit vier Jahre zurück reisen. Damals habe ich in einem Beschäftigungsprojekt gearbeitet.

Es ist 6:55 Uhr. Vor der Eingangstür stehen schon einige meiner Kollegen und Kolleginnen. Wir rauchen eine Zigarette, bevor pünktlich um 7:00 Uhr die Arbeit beginnt. In Ruhe gemeinsam eine zu rauchen, ist ein fester Bestandteil, um gut in den Tag starten zu können. Ich bin in einem sozialökonomischen Betrieb beschäftigt. Ihr wollt wissen, was meine Aufgaben sind? Alles mögliche. Wir sanieren und renovieren Wohnungen. Wir reißen Wände ein und malen aus. Als gelernter Elektriker werde ich oft dafür eingesetzt, Leitungen zu verlegen.

Ich bin heute nicht gut gelaunt. Normalerweise bin ich sehr redselig und ein lustiger Kerl. Doch wenn mir alles zu viel wird, werde ich schweigsam und halte mich zurück. Als ich die Räumlichkeiten des Betriebes betrete, spüre ich eine Hand auf meiner Schulter. Ich drehe mich um und blicke in ein besorgtes Gesicht. Irene sieht mich an und fragt mich mit einfühlsamer Stimme: „Was ist denn heute los mit dir? So kenne ich dich ja gar nicht. Komm doch schnell mit in mein Büro!" Sofort fällt mir ein Stein vom Herzen. Es tut gut zu wissen, dass sich jemand um dich sorgt. Irene kennt mich bereits sehr lange. Wenige Blicke reichen und ihr ist klar, dass mit mir etwas nicht stimmt. Mich ihr gegenüber zu öffnen fällt mir sehr leicht, da ich ihr vertraue und weiß, dass sie meine Probleme ernst nimmt. Ernst genommen zu werden, ist mir verdammt wichtig.

Wir setzen uns auf die Stühle. Ich erzähle ihr von meinen finanziellen Problemen und der Angst, dass es zu einer Exekution, also einer Zwangsvollstreckung kommen könnte. Irene gibt mir das Gefühl, dass sie mich versteht und Probleme gemeinsam gelöst werden können. Sie hört mir lange zu und wir beratschlagen gemeinsam, wie wir weiter vorgehen können. Nach dem Gespräch gehe ich mit einem Plan im Kopf und einem Lächeln im Gesicht aus der Tür und fühle mich wieder gestärkt.

Ich weiß, dass die Art und Weise, wie Irene mit mir umgeht, so wertschätzend und verständnisvoll, nicht selbstverständlich ist. Leider musste ich auch schon Sozialarbeiter und Sozialarbeiterinnen kennen lernen, die mich im Ungewissen ließen, meine Probleme nicht ernst nahmen und mich behandelt haben wie ein Kind. Wisst ihr woran man feststellen kann, ob jemand ein guter Sozialarbeiter beziehungsweise eine gute Sozialarbeiterin ist? Meiner Meinung nach ist das daran zu erkennen, ob sie auch wirklich die Ausbildung gemacht haben und qualifiziert sind. Schon des Öfteren musste ich mit Betreuern und Betreuerinnen zusammenarbeiten, die keine Ausbildung absolviert hatten. Und ich kann euch eines sagen: Man merkt es. Diese Leute sind einfach nicht so auf Zack. Die hören auch nicht so gut zu und wissen meist selbst nicht wie man Probleme in Angriff nimmt.

Aber zurück zu meiner Geschichte: Ich stoße auf meine Kollegen und Kolleginnen. Es ist 8:00 Uhr, der Vorarbeiter ist gerade dabei, uns in verschiedene Arbeitsgruppen zu teilen. Es gibt ja nicht nur die Gruppe der Sanierer, sondern auch die „Gartenpartie" und die „Reinigungspartie". Die Leute kümmern sich um die Instandhaltung von Gärten und das Reinigen von Wohnungen. Meine Freundin Maria ist auch schon zu uns gestoßen. Sie ist ebenfalls Elektrikerin. Wir hatten gestern einen großen Streit. Seitdem haben wir nicht mehr miteinander gesprochen. Der Vorarbeiter merkt sofort, dass zwischen uns dicke Luft herrscht. Er teilt uns in zwei unterschiedliche Arbeitsgruppen ein. Dem ist klar, dass sich die Streiterei fortsetzt, wenn wir heute gemeinsam auf einer Baustelle sind. So gut kennen uns die Leute hier schon.

So, aber jetzt geht's los. Unsere Arbeitsgruppe fährt heute in eine Wohnung, die neu ausgemalt werden muss. Obwohl ich gelernter Elektriker bin, muss ich auch mal zum Pinsel greifen. Aber das stört mich überhaupt nicht.

In der Wohnung angekommen sehen wir sofort, dass ein Haufen Arbeit auf uns wartet. Die einst weiße Wandfarbe wird von einem schmutzigen, gelben Schleier überdeckt. Hier hat eindeutig eine Person gelebt, die viel geraucht hat. Der Vorarbeiter gibt uns Anweisungen und wir beginnen mit der Arbeit. Das Arbeitsklima ist angenehm und der Vorarbeiter behandelt uns mit Respekt. Wir duzen uns untereinander und wenn es zu Schwierigkeiten kommt, kann man sich an ihn wenden. Sind es Probleme, die nicht in seinem Fachbereich liegen, dann schickt er uns zu den Sozialarbeiterinnen und Sozialarbeitern.

Nachdem wir bereits zum dritten Mal die Wände weiß ausgemalt haben und die gelbliche Farbe weiterhin durchschimmert, beschließen wir Mittagspause zu machen. Ich nutze die Pause, um eine Kleinigkeit zu essen, eine zu rauchen und mich mit meinen Arbeitskollegen und -kolleginnen zu unterhalten. Nach der Mittagspause muss aber weitergearbeitet werden. Ein allerletztes Mal müssen wir die Wände weiß ausmalen und dann ist es geschafft. Die gelbe Farbe scheint nicht mehr durch und die Wohnung erstrahlt in neuem Glanz.

Wir machen pünktlich um 15:00 Uhr Feierabend. Die Zeit im Beschäftigungsprojekt vergeht jeden Tag im Nu. Ich packe meine Sachen zusammen und begebe mich auf den Heimweg. Als ich zu Hause angekommen bin, höre ich es plötzlich an der Türe klopfen. Ich erschrecke und frage mich, wer das wohl sein könnte. Ich zögere nicht lange und öffne die Türe. Vor mir steht Melanie. Sie ist auch eine Sozialarbeiterin, jedoch bei der Suchthilfe tätig, und begleitet mich bereits seit 14 Jahren. In ihren Augen kann man die Erleichterung sehen und sie sagt mit fester Stimme: „Also Markus, hätte ich dich heute nicht in deiner Wohnung angetroffen, dann hätte ich mir wirklich große Sorgen gemacht! Ich versuche dich schon seit einigen Tagen zu erreichen. Was ist denn los?"

Ich bitte sie in die Wohnung herein und entschuldige mich dafür, dass sie so lange nichts von mir gehört hat. Melanie weiß ganz genau, dass es mir nicht gut geht, wenn ich mich nicht melde und ihre Anrufe nicht entgegennehme. Und wenn es mir nicht gut geht, greife ich zum Alkohol. Das ist auch der Grund, wieso sie mich dann in meiner Wohnung aufsucht. Sie passt auf mich auf. Sie macht sich Sorgen um mich. Ganz ehrlich, ich glaube, wenn ich Melanie nicht hätte, wäre ich nicht mehr am Leben. Ich habe schon viele gute Freunde durch Suizid verloren. Immer wieder habe ich ihnen gesagt, sie sollen sich Hilfe bei der Suchtberatung suchen. Viele hörten leider nicht auf mich …

Wir plaudern eine Weile und ich erzähle ihr von meinen finanziellen Problemen. Melanie hat wie Irene immer ein offenes Ohr für mich, auch wenn eigentlich schon Dienstschluss wäre. Nachdem wir alles besprochen haben, lässt sie ihren Blick durch die Wohnung schweifen und sagt: „Du Markus, bei dir schaut es aus als hätte eine Bombe eingeschlagen." Sofort bietet sie mir an, morgen mit mir gemeinsam die Wohnung zu reinigen und auf Vordermann zu bringen. Ich bin sehr dankbar über ihr Angebot, denn um ehrlich zu sein, es ist wirklich furchtbar unordentlich. Alleine würde ich bestimmt ewig brauchen, um das zu richten.

Stellt euch das einmal vor: An einem Samstag, wo Melanie frei hätte, kommt sie zu mir, um gemeinsam die Wohnung zu putzen. Ich weiß oft gar nicht, wie ich ihr danken soll. Ich begleite Melanie noch zur Türe und wir verabschieden uns.

Und so endet mein Tag.

Zum Schluss möchte ich noch erwähnen, dass – obwohl ich zu dem Zeitpunkt als ich diese Zeilen schreibe, im Dezember 2016, nicht mehr im Beschäftigungsprojekt tätig bin – die Sozialarbeiterin Irene mir immer noch mit Rat und Tat zur Seite steht. Ich denke, das ist nicht selbstverständlich.

ORIENTIERUNG FINDEN

ANNA POHL

Geboren in Deutschland, lebe ich nun schon viele Jahre in Österreich. Es war von Beginn an nicht immer einfach, hier eine Arbeit zu finden. Der Grund für mich nach Österreich zu kommen, war mein Partner. Seine Mutter hätte damals eine Anstellung für mich in einer Firma gehabt, doch leider hat dies dann doch nicht funktioniert. Es wäre dadurch einem tollen Start in Österreich nichts im Wege gestanden. Es kam aber leider alles anders. Ich wusste zu Beginn nicht, was ich machen sollte oder wo ich mich bewerben hätte können.

Die Ankunft und der Start eines neuen Lebens in Österreich war aus diesem Grund nicht wirklich einfach. Ich hatte weder eine Krankenversicherung noch eine Beschäftigung vorzuweisen. Die nicht vorhandene Krankenversicherung war vor allem zum Zeitpunkt meiner Krankheit sehr schwierig. Ich musste operiert werden und die Kosten dafür selbst tragen. Mein Freund hatte eine Arbeit, jedoch konnten wir uns die Operation nicht einfach so leisten. Dazu musste ich meine Verwandten aus Deutschland um Geld bitten und verwendete meine, in Deutschland einbezahlte, Rentenversicherung dafür. Ein eigenständiges und besonders selbstbestimmtes Leben zu führen war für mich zu Beginn hier nicht wirklich möglich. Immer auf jemanden angewiesen zu sein, ist kein gutes Gefühl und oft ist es schwierig, damit umzugehen. Ständig die Angst zu haben, dass die nächste Reparatur, Rechnungen oder sonstige allfällige Dinge nicht bezahlt werden können.

Als ich nach Österreich kam, lebten wir anfangs etwas außerhalb der Stadt, in einem kleineren Ort.

> „Wo gibt es hier für mich Arbeit?"
>
> „Wo kann ich mich bewerben?"
>
> „Wie kann oder soll ich mich konkret bewerben?"
>
> „Kann mir jemand helfen Verträge zu lesen oder Bewerbungen zu schreiben?"

Diese Fragen stellte ich mir und fand leider keine Antwort darauf. Nach längerer Zeit ohne Arbeit, war es auch schon ein wenig unangenehm FreundInnen oder Bekannte um Hilfe zu bitten. „Es kann doch nicht so schwer sein, einen Job zu finden?", dachte ich mir.

Es ist ein dumpfes Gefühl, ohne Arbeit durchs Leben zu gehen. Noch mehr das Gefühl, nicht zu wissen, wo eine Stelle gefunden werden kann. Noch dazu tue ich mich schwer zu lesen und zu schreiben, was die Suche nicht vereinfachte. Auch das öffentliche Verkehrsnetz war in diesem Ort nicht besonders gut, wodurch es noch schwieriger für mich war eine Beschäftigung zu finden oder zu Bewerbungsgesprächen zu fahren. Noch dazu ohne Führerschein. Durch Kontakte meines Partners gelang es mir, einige Tage in einer großen Firma zu arbeiten, wodurch ich kurze Zeit versichert war. Leider war diese Anstellung nicht von langer Dauer und die Suche begann von neuem. Es war ein schwieriges erstes Jahr in Österreich. Ich hatte die Hoffnung auf einen Job schon beinahe aufgegeben und wusste kaum, wie es in meinem Leben weitergehen soll. Leere und Aussichtslosigkeit waren ständige Begleiterinnen in dieser Zeit. Ohne meine Familie – meinem gewohnten Umfeld – fehlte mir jegliche Sicherheit.

Als mein Freund und ich dann anschließend in die Stadt gezogen sind, war es für mich einfacher eine Anstellung zu finden. Durch verschiedenste soziale Einrichtungen und Organisationen war es mir möglich, einigen unterschiedlichen Beschäftigungen nachzugehen. Doch auch hier war es teilweise schwierig, diese auf Dauer zu halten. Und es gab ebenfalls Zeiten ohne Job und Einkommen. „So kann es nicht weitergehen“, hörte ich mich selbst immer wieder sagen.

Mein letzter Anker war die Arbeitsassistenz, die ich schließlich aufsuchte. Diese kann man sich so vorstellen: MitarbeiterInnen der Einrichtung unterstützen mich eine Arbeit zu finden, Bewerbungstermine zu vereinbaren, Bewerbungen zu schreiben oder auch Verträge zu lesen, wenn ich etwas nicht verstehe. Auch wenn ich Probleme in der Arbeitsstelle selbst habe, kann ich einen Termin in der Einrichtung vereinbaren und wir besprechen diese. Mir gefällt gut, dass ich hier Unterstützung bekomme und jemand für mich da ist. Teilweise setzen sich mehrere KundInnen der Arbeitsassistenz zusammen, wodurch ich merke, dass ich nicht alleine bin mit meinen Problemen, sondern andere Leute ähnliche oder dieselben haben. So können wir uns auch gegenseitig unterstützen und voneinander lernen. Das gibt auch Mut und Durchhaltevermögen. Manche von den anderen KundInnen haben eine psychische Krankheit und brauchen deswegen ein bisschen Hilfe. Manchen fällt es schwer, Dinge schnell zu tun. Oder sie können so wie ich nicht gut Lesen und Schreiben, der Kopf will nicht so richtig die Buchstaben zusammensetzen. Oder sie können nicht gut sprechen. Da gibt es ganz viele verschiedene Sachen, warum Leute ein bisschen Unterstützung brauchen, dass sie auch arbeiten können und nicht nur in Werkstätten sitzen müssen.

Bei der Arbeitsassistenz bin ich nun schon beinahe zehn Jahre lang. Ich habe schon vieles erlebt, einiges hat mir weniger gefallen, anderes wiederum sehr gut. Zu Beginn und auch jetzt ärgere ich mich manchmal, wenn Berater*innen mich nicht verstehen oder zu stark im Dialekt sprechen. Ich bin zwar schon lange Zeit in Österreich, aber mit dem Dialekt habe ich noch immer meine Schwierigkeiten. Von BeraterInnen würde ich mir wünschen, dass sie freundlich sind, verständlich und deutlich sprechen und vor allem auch ein bisschen Spaß verstehen. Spaß ist für mich auch ganz besonders wichtig. Wenn das Leben immer so ernst ist, gehört auch hin und wieder gelacht. BeraterInnen sollten also auch meinen Spaß verstehen. Das sind für mich die wichtigsten Dinge, wenn ich zur Beratung der Arbeitsassistenz gehe. Ein paar Mal ist es schon passiert, dass Termine von BeraterInnen kurzfristig, zum Beispiel wegen Krankheit, abgesagt wurden. Wenn das passiert, ärgere es mich sehr. Besonders wenn ich bereits am Weg zur Einrichtung bin. Im Allgemeinen jedoch kann ich nur sagen, dass ich froh bin, dass die Arbeitsassistenz mich bei der Arbeitssuche unterstützt, zu Terminen begleitet und ich immer in der Einrichtung anrufen kann, wenn ich Fragen habe. Durch die MitarbeiterInnen dort habe ich viele Stellen kennengelernt, in welchen es Arbeit für mich gibt. Sie haben mir geholfen mich zu orientieren und mir auch Wege aufgezeigt, welche ich alleine nicht gefunden hätte. Seit ich das Angebot der Einrichtung in Anspruch nehme, habe ich auch Anstellungen für längere Zeit bekommen.

Momentan habe ich keinen Job und bin wieder auf der Suche nach einer Beschäftigung. Die BeraterInnen der Arbeitsassistenz geben mir Mut und reden mir gut zu, das hilft mir sehr. Einige Male hätte ich am liebsten aufgegeben und es kam mir aussichtslos vor, noch einen Job zu finden. Wenn der Weg immer steiniger wird und kein Ende in Sicht ist, geht auch die Kraft verloren. Durch die Motivation, die die BeraterInnen mir vermitteln, habe ich nicht aufgehört und weitergesucht. Dafür bin ich sehr dankbar, denn alleine hätte ich das nicht geschafft. Da bin ich mir sicher. Besonders, wenn Absagen von Firmen kommen und ich enttäuscht und traurig bin, weiß ich, dass ich zur Arbeitsassistenz gehen kann und mir jemand dort zuhört und wieder neuen Mut zuspricht. Das schätze ich sehr. Denn es gibt nicht viele Leute, die das machen. Deshalb bin ich guter Dinge, dass ich bald wieder eine Arbeit finde werde und es für mich und meinen Freund finanziell wieder einfacher wird.

Geld und Krankenversicherung sind zwar sehr wichtig, aber es geht mir auch darum, dass ich wieder zufrieden nach Hause komme und sagen kann: „Heute habe ich wieder etwas geleistet." Das Gefühl erschöpft und trotzdem glücklich zu sein. Das möchte ich wiederhaben. Momentan erledige ich viel im Haushalt und mein Freund ist sehr dankbar dafür, doch das ist für mich nicht alles und ich freue mich schon auf eine Anstellung, bei welcher ich mich entfalten kann und mehr Freude am Leben habe.

MIGRATION UND INTEGRATION

Wie können Menschen, die keine Österreichische Staatsbürgerschaft haben, an der österreichischen Gesellschaft in all ihren Dimensionen teilhaben? Egal ob EU-BürgerIn oder von einem anderen Ort dieser Welt, egal ob aus Gründen der Liebe, der Arbeit, des Krieges, der Gesundheit migriert oder geflüchtet: Welche Möglichkeiten sind vorhanden und welche kann Soziale Arbeit schaffen, dass Einzelne und Familien materiell abgesichert sind, arbeiten können, in Rechtsfragen kompetent beraten werden, Deutsch lernen und sich im Rahmen ihrer Möglichkeiten in die Gesellschaft einbringen können? Gelungene Integration braucht stets das Wohlwollen mehrerer Involvierter, demnach geht es hier sekundär auch um Beratung von InländerInnen, Mediation von Konflikten sowie die Sensibilisierung für Verschiedenartigkeit. In Fällen, in denen eine freiwillige, vor allem aber eine staatlich erzwungene Rückkehr in ein anderes Land Thema ist, ist auch hier Soziale Arbeit involviert.

Aus Angst war ich gezwungen zu schweigen

JOHANNA GABRIEL

Ich möchte heute meine persönliche Geschichte mit Sozialer Arbeit erzählen. Dafür müssen wir allerdings die Zeit etwas zurück drehen und auf einen anderen Kontinent reisen, denn damals habe ich noch im Jemen gelebt. Ich zähle mich zu LGBTIQ-Personen. Im Jemen macht man sich strafbar, wenn man lesbisch, schwul oder bisexuell ist, es steht sogar die Todesstrafe darauf. Und auch wenn der Staat oft einfach andere Strafen verhängt, dann sind es radikale Islamisten, die meine Brüder und Schwester ermorden. Ganz ohne Gerichtsverfahren. Einfach gesagt: Homosexualität ist verboten und es ist sehr gefährlich für uns.

Aus diesem Grund bin ich vor ein paar Jahren nach Österreich geflohen und fand hier eine neue Heimat. Aufgrund meiner Fluchterfahrung kam ich mit Sozialer Arbeit in Kontakt, aber dazu später mehr. Zuerst möchte ich meine Anfangszeit in Österreich beschreiben. Ein komplett neues System, die Sprache, keine Arbeit zu haben … Das waren Themen, die mich seit meiner Ankunft hier nach wie vor sehr beschäftigten. Dass meine Homosexualität hier zum Thema werden würde, das habe ich nicht gedacht. Ich hatte gelesen, dass es Schwulen und Lesben in Österreich gut geht. Damals, also als ich nach Österreich kam, wohnte ich in einem Erstaufnahmezentrum für Schutzsuchende. Die Leute dort waren aus der ganzen Welt geflohen. Aber niemand aus den gleichen Gründen wie ich. Und ich hab dann schnell bemerkt, dass ich besser gar nichts dazu sagen, warum ich hier bin. Wenn ich einmal etwas angedeutet habe, sind manche da richtig aggressiv auf mich geworden. Ich war also überrascht, denn auch dort konnte ich nicht sagen, dass ich queer bin. Aus Angst war ich wieder gezwungen zu schweigen.

Noch im Erstaufnahmezentrum begann ich Kontakt zur Schwulen- und Lesben-Szene in Wien aufzunehmen. Damit ich wenigstens mit irgendwem Austausch hatte! Schlussendlich machte mich ein Typ, den ich so kennengelernt hatte, auf eine Einrichtung in Wien aufmerksam, die Geflüchteten, die aufgrund ihrer sexuellen Orientierung verfolgt oder diskriminiert werden, Unterstützung bietet. Bei der Einrichtung in Wien lernte ich endlich Menschen kennen, mit denen ich meine Erfahrungen teilen konnte und noch immer kann. Das Schweigen hatte ein Ende. Mir wurde geholfen eine Wohnung zu finden, dadurch konnte ich das Erstaufnahmezentrum verlassen. Es war so erleichternd, als ich merkte, dass das Leben endlich wieder ein bisschen so wird, wie ich es mir gewünscht habe! Ich weiß nicht, wie es mit mir weiter gegangen wäre, wenn es diese besondere Einrichtung nicht gegeben hätte.

Ich werde nun von den SozialarbeiterInnen unterstützt, wo auch immer ich Schwierigkeiten habe, für mich persönlich stellt dies eine enorme Entlastung dar. Auf einen Schlag keine Mutter, keinen Vater, keine Schwester, keinen Bruder mehr zu haben, das ist schwierig. Ich war auf einmal ganz auf mich alleine gestellt. Durch die SozialarbeiterInnen und durch die LGBTIQ-Community fand ich wieder Halt und so etwas wie eine Familie.

Wenn du neu in ein Land kommst, ist alles kompliziert und jeden Monat kommen neue Barrieren auf dich zu. Die Einrichtung, in der ich momentan Unterstützung finde, begleitet mich auch bei Amtswegen. Aufgrund der sprachlichen Hindernisse sind für mich behördliche Wege oft herausfordernd. Von bestimmten Ämtern würde ich mir wünschen, dass sie versuchen meine Situation beziehungsweise die Situation von Geflüchteten zu verstehen.

Oft habe ich ein schlechtes Gewissen und fühle mich unwohl bei dem Gedanken, ich lebe vom staatlichen Geld, obwohl ich so jung bin. Ich habe in Österreich bereits gearbeitet und zwar in der der mobilen Pflege. Ich entschied mich aber für eine Kündigung, da mir alles zu viel wurde und ich vorher besser Deutsch lernen wollte. Auch in Zeiten von Geldnot, bei Rechtsfragen, bei scheinbarer Aussichtslosigkeit finde ich Antworten und Beistand bei den SozialarbeiterInnen. Ich denke oft an andere geflüchtete Menschen, die keine Betreuung haben, und stelle mir die Frage, wie die solche Situationen schaffen?

Das ist meine Geschichte, mehr kann ich dazu nicht sagen. Außer dass ich froh bin, eine solche Community gefunden zu haben.

Angekommen

Helene Punz

Ich bin heute als Gast bei einer großen Geburtstagsfeier bei einem Heurigen in der Wachau. Es wird gelacht, getanzt, gegessen und viel Wein getrunken. „Schön, aber was ist daran so besonders?“, denken Sie. Nun, vor vier Jahren kam ich mit meinem Mann, meinem Sohn und meiner Tochter nach Österreich. Wir mussten fliehen. Von einem Tag zum nächsten mussten wir unser Haus und unsere Firma zurücklassen, weil wir bedroht und verfolgt wurden. Unser Leben stand auf dem Spiel. Noch bevor wir die iranische Grenze hinter uns ließen, stand unser Haus in Flammen. Meine Schwester hat es mir später gesagt. Ich habe unser Haus nicht brennen gesehen, doch vor meinem inneren Auge sehe ich es, als wäre ich dabei gewesen. Ich höre es knistern und krachen und sehe die beißenden Flammen aus den Fenstern peitschen. Ich rieche das brennende Holz und spüre die Hitze. Ich fühle mich hilflos und spüre die Ohnmacht in meinen Gliedern.

Während der ersten zwei Jahre in Österreich dachte ich manchmal, es wäre besser gewesen, im Iran zu bleiben und dort zu sterben, als in diesem Land vor mich hinzuleben. Meine Tochter hat ständig geweint. Es hat mir das Herz gebrochen. Ich konnte nichts tun, außer sie in die Arme zu nehmen und zu warten. Kurz nachdem wir unseren positiven Asylbescheid erhielten, ist mein Vater im Iran gestorben. Ich habe davon per E-Mail von meiner Schwester erfahren. Ich bin die jüngste von fünf Schwestern und hatte immer ein enges Verhältnis zu meinem Vater. Ich erinnere mich, wie wir als Kinder im Garten spielten und unser Vater im Sommer Früchte von den Bäumen erntete: Feigen, Datteln, Zitronen. Er kletterte auf die hohe Leiter und kam mit vollen Körben wieder herunter. Der erste volle Korb war immer für uns. Geduldig warteten wir auf der Wiese, bis unser Vater von der Leiter herunterstieg und uns den Korb voll mit köstlichen Früchten gab. Dabei blickte er immer in Richtung des Küchenfensters, zwinkerte uns zu und flüsterte: „Sagt es nicht eurer Mutter!“ Nun war er tot und ich konnte nichts tun. Ich konnte nicht einmal zur Beerdigung gehen und mich von ihm verabschieden. Am Tiefpunkt meines Lebens war es ein Lichtblick, endlich aus der Flüchtlingspension auszuziehen. In der Pension teilten wir uns ein Zimmer mit einer zweiten Familie.

Dank einer Beratungsstelle für geflüchtete Menschen, konnten wir eine Wohnung in St. Pölten finden. Diese Beratungsstelle habe ich, seit ich in Niederösterreich lebe, regelmäßig besucht. Die Sozialarbeiterinnen und

Sozialarbeiter, die dort arbeiten, haben immer ein offenes Ohr. Sie sind behilflich beim Finden von Wohnungen, beim Lesen und Verstehen von Briefen, bei der Anmeldung zu Deutschkursen und wenn man ein Problem hat. Es war schön, nach so langer Zeit in Flüchtlingsunterkünften endlich wieder ein normales Familienleben in einer eigenen Wohnung zu haben. Dennoch war es nicht immer leicht. Zu viert haben wir in einer Zwei-Zimmer-Wohnung gelebt. Mein Mann, mein Sohn und ich in einem Zimmer und unsere 12-jährige Tochter im anderen Zimmer. Das Zimmer unserer Tochter nutzten wir gleichzeitig als Wohnzimmer. Eine Couch und ein Schreibtisch hatten darin Platz. Wenn wir Gäste bei uns hatten, nahmen sie auf dem Sofa zwischen den Schulbüchern meiner Tochter und den Spielsachen meines Sohnes Platz. Ihren Tee mussten sie halten oder auf den Boden stellen, einen Tisch gab es nicht. Im Nachhinein erscheint mir dieser Zustand fürchterlich, damals waren wir unendlich froh darüber, endlich wieder ein sicheres Zuhause zu haben.

Die SozialarbeiterInnen in der Beratungsstelle haben uns immer unterstützt. Das Beste daran war, dass wir von ihnen wie Menschen behandelt wurden. Die SozialarbeiterInnen hörten uns zu und gaben uns das Gefühl, dass alles gut werden würde. Sie verstanden, wie alleine wir uns fühlten. Wir hatten niemanden. Eine der Sozialarbeiterinnen schlug uns vor, bei einem Projekt mitzumachen, bei dem wir einen „Buddy" bekommen sollten. Zu diesem Zeitpunkt wusste ich noch nicht, dass unser Leben von nun an wieder bergauf gehen sollte. Eine junge Frau und ihr Freund wurden von der Beratungsstelle für uns als Buddys ausgewählt: Sophie und Michael. Als ich das junge Mädchen, das vielleicht 23 Jahre alt war, zum ersten Mal sah, war ich skeptisch. „Was könnte eine Person, die jünger ist als ich, für mich tun?" Für mich machte es keinen Sinn. In meiner Kultur sorgen ältere Menschen für jüngere und nicht umgekehrt. Nach kurzer Zeit war mir klar, dass meine Zweifel unbegründet waren. Die beiden halfen uns eine neue Wohnung zu finden als der befristete Mietvertrag unserer alten Wohnung auslief. Unsere Tochter hat nun ein eigenes Zimmer und wir haben ein großes Wohnzimmer, wo wir die Zeit als Familie genießen können und oft Gäste haben. Ich habe das Gefühl, dass unsere Zeit in Österreich erst begonnen hat als wir in diese Wohnung gezogen sind. Wir fühlen uns endlich wieder wie eine normale Familie, zu der auch unsere Buddys gehören.

Sophie verbrachte Zeit mit mir, wir tranken Tee, kochten zusammen iranische Speisen, unterhielten uns und vor allem lachten wir viel. Sie half meiner Tochter bei ihren Hausaufgaben und beim Lernen. Durch sie lernten wir die österreichische Kultur kennen. Mit großem Erstaunen stellten wir fest: Auch die Menschen in Österreich haben Familien! Sie haben Mütter, Väter, Großmütter, Großväter, Geschwister, Tanten, Onkel … Natürlich wussten wir das, doch im Iran, wo unsere Familien das Allerwichtigste für uns sind, dachten wir, die Menschen in Europa seien alle Einzelkämpfer. Ich teilte diese Erkenntnis mit meinen Freundinnen und Familienmitgliedern im Iran und die Nachricht verbreitete sich dort wie ein Lauffeuer. „Hast du schon gehört? Die Menschen in Österreich lieben ihre Familien auch. Wer hätte das gedacht?" Ich lernte sogar die Familien unserer beiden Buddys kennen. Sophies Eltern luden uns zum Grillen in ihren Garten ein. Michaels Eltern waren sehr hilfsbereit und unterstützten uns viele Male. Sie unterzeichneten eine Verpflichtungserklärung, damit meine Mutter und meine Schwester uns besuchen konnten, sie halfen uns beim Deutschlernen und passten auf meinen kleinen Sohn auf, wenn ich einen wichtigen Termin hatte. Doch wichtiger als alles andere: Sie gaben uns das Gefühl, wieder Teil einer großen Familie zu sein. Gemeinsam mit ihnen feiern wir die Feste unserer beiden Kulturen, wie eine große Familie. Wir feiern jedes Jahr Weihnachten, Ostern, Nouruz, das persische neue Jahr und Yalda, die längste und finsterste Nacht des Jahres. Ich denke, dass dieses Projekt das Wertvollste ist, das uns durch die SozialarbeiterInnen in der Beratungsstelle ermöglicht wurde.

Heute sind wir alle bei der Geburtstagsfeier von Michaels Eltern. Beide werden heuer 60 Jahre alt und feiern ihren Geburtstag gemeinsam. Ungefähr 60 Personen sind eingeladen und ich freue mich, dass ich viele von ihnen kenne: Die Großeltern unseres Buddys, die Tanten und Onkel, die NachbarInnen seiner Eltern. Auch Sophies Eltern sind eingeladen. Ich fühle mich sehr wohl auf diesem Fest. Es erinnert mich an die großen Feste, die wir früher in Teheran gefeiert haben. Nur wundere ich mich, warum die ÖsterreicherInnen so wenig tanzen.

Seit vier Jahren sind wir in Österreich. Ich denke oft an die im Iran Zurückgebliebenen, die mir lieb sind, und hoffe, dass es ihnen gut geht. Jedes Jahr, wenn wir am letzten Mittwoch des Jahres ein Lagerfeuer machen und darüber springen, um das alte Jahr zu verabschieden, verliert mein Blick sich manchmal in den Flammen. Ich stelle mir vor, wie unser Haus in Flammen steht. Unser Haus, in dem wir so viele wunderbare Momente als Familie verbracht haben. In dem wir gelacht haben, getanzt und gespielt. Der Ort, an dem ich meinen Vater zum letzten Mal gesehen habe. Ich genieße das Fest und versuche zu vergessen. Ich fühle mich wohl in Österreich. Ich bin angekommen.

AUTORINNEN

GABRIEL, JOHANNA BA, geb. 1992, hat Soziale Arbeit an der FH St. Pölten studiert und davor als Diplomierte Gesundheits- und Krankenschwester in Wien gearbeitet. Nachdem sie im Sommer 2017 ihr Bachelorstudium absolvierte reiste sie zwei Monate durch Tadschikistan und China bevor sie nun als Sozialarbeiterin durchstarten wird.

„Darf ich Ich sein?" Rahmenbedingungen in denen NutzerInnen ihre individuelle Rolle selbst gestalten dürfen

In der Bachelorarbeit wird der Frage nachgegangen, welche sozialarbeiterischen Rahmenbedingungen benötigt werden, damit sich NutzerInnen nicht in vorgefassten Rollen wiederfinden müssen. Ziel der Arbeit ist es, Einrichtungen zu analysieren, in denen AdressatInnen während des Unterstützungsprozesses ihre individuelle Rolle selbst gestalten können. In der Transkription der narrativen Interviews werden mit der Auswertungsmethode Feinstrukturanalyse differenzierte Wahrnehmungen verglichen. Die Ergebnisse zeigen, dass die persönliche Gestaltung in der Rolle als NutzerIn Wohlbefinden, Erleichterung und Selbstsicherheit ermöglicht. Unter Einhaltung der Aspekte des professionellen Handelns und einer professionellen Settinggestaltung, kann ein Zugang zur Identität (Ich-Sein) ermöglicht werden.

HANKE-ZINGERLE, REGINA BA, geb. 1971, studierte berufsbegleitend den Bachelor Soziale Arbeit an der FH St. Pölten und war zuletzt in einer Tagesstruktur für psychisch kranke Erwachsene tätig. Demnächst wird sie zum Psychosozialen Dienst Niederösterreich wechseln. Im Grundberuf Sonder-Kindergärtnerin, studierte sie außerdem Sonder- und Heilpädagogik, sammelte Arbeitserfahrungen mit Bereich Menschen mit Behinderung, der Buchhaltung sowie einem Sekretariat und ist stolze Mutter dreier Kinder.

*Distanzierungsstrategien von Klient*innen der Sozialen Arbeit*

Klient*innen erzählen ihre eigene persönliche Geschichte mit der Sozialer Arbeit auf eine ganz bestimmte Art und Weise. Die vorliegende Arbeit geht davon aus, dass Klient*innen dabei unterschiedliche Distanzierungsstrategien anwenden, um leichter im Erzählfluss bleiben zu können. Gesprächs- und Feinstrukturanalysen zweier Interviews ergaben drei bedeutende Strategien: Es konnte das starke Bedürfnis zur Herstellung von Distanz zur Gruppe der angenommenen „typischen“ Klient*innen lokalisiert werden. Äußere Ursachen und Probleme Dritter wurden als Anlass für den Kontakt gesehen. Gesellschaftliche Bewertungen, wie die Deutung von „Hilfe von außen holen“ mit Schwäche und „es alleine schaffen“ mit Stärke, stellen weitere mögliche Anknüpfungspunkte zur Distanzierung, hier mit der Profession der Sozialer Arbeit dar.

HARREITHER, KATHRIN BA, geb. 1995, hat im Juli 2017 den Studiengang Soziale Arbeit an der Fachhochschule St. Pölten abgeschlossen und arbeitet als Sozialarbeiterin bei Kidsnest (Kinder- und Jugendschutzgesellschaft der Kinderfreunde) in einem betreuten Wohnen für Jugendliche

Erleben eines Betreuer*innenwechsels in der Sozialen Arbeit aus Sicht der Klient*innen

In der Bachelorarbeit wird das Erleben eines Betreuer*innenwechsels aus Sicht der Klient*innen mittels qualitativer Forschung untersucht. Einleitend werden Forschungskontext, Forschungsprozess und Methodenwahl vorgestellt. Als Erhebungsmethode wurden für diese Arbeit narrative Interviews gewählt. Diese wurden mittels Themenanalyse und Feinstrukturanalyse ausgewertet. Die erforschten Thesen, wie die unterschiedliche Bindungsqualität in den konträren Betreuungskontexten, die Wahrnehmung durch enge Bindung an die Betreuer*innen, der Wunsch nach Transparenz und Zeit und das schnelle Erleben eines Wechsels der Betreuer*innen, sind im Ergebnisteil zu finden. Die Ergebnisse werden aufgrund der Ungleichheiten in unterschiedliche Betreuungsformen unterteilt.

KÖLLNER, MARKUS BA, 1998 Abschluss der Ausbildung zum diplomierten Sozialpädagogen in St. Pölten. Er ist seit 2003 bei Jugend am Werk, Begleitung von Menschen mit Behinderung GmbH beschäftigt. Derzeit arbeitet er dort im Begleiteten Wohnen. Davor war er bei Jugend am Werk als Arbeitsassistent und in einer Wohngemeinschaft beschäftigt. Nebenberuflich absolvierte er eine Ausbildung zum systemischen Erlebnispädagogen und sammelte Erfahrung in der Freizeitbegleitung von Menschen mit Suchterkrankung. 2017 erfolgte der Abschluss des berufsbegleitenden Studiengangs für Soziale Arbeit an der Fachhochschule St. Pölten.

Wahrnehmung Sozialer Arbeit durch KlientInnen im Hinblick auf Verbesserungsvorschläge

Die vorliegende qualitative Forschungsarbeit befasst sich mit der Frage, welche Verbesserungsvorschläge im Hinblick auf Soziale Arbeit in der eigenen Rückschau von KlientInnen erkennbar sind. Außerdem wird erörtert, wie KlientInnen Sozialer Arbeit eventuelle Kritik formulieren. Eine Eingrenzung erfolgt dabei auf das durch den Österreichischen Berufsverband der Sozialen Arbeit definierte Handlungsfeld Gesundheit. Es wurden sechs (semi-) narrative Interviews mittels Themenanalyse und Feinstrukturanalyse ausgewertet. Die Ergebnisse zeigen, dass Verbesserungsvorschläge in Bezug auf strukturelle Rahmenbedingungen, Beziehungen, Gespräche und Fähigkeiten von professionellen HelferInnen ableitbar sind. Im Resümee wird auf die berufliche Praxis Bezug genommen.

POHL, ANNA BA, geb. 1993, lebt und arbeitet in Niederösterreich. Nach der Ausbildung zur Kindergartenpädagogin absolvierte sie den Studiengang Soziale Arbeit an der Fachhochschule St. Pölten. Seit Abschluss des Studiums ist sie in der Jugendintensivbetreuung tätig.

*Humor in der Sozialen Arbeit. Klient*innen und ihre Beschreibung humorvoller Situationen*

Die vorliegende Bachelorarbeit untersucht mittels qualitativer Forschung wie Klient*innen humorvolle Situationen in der Sozialen Arbeit wahrnehmen und beschreiben. Anhand narrativer Interviews wurde Datenmaterial erhoben und anschließend mittels Themenanalyse und Feinstrukturanalyse ausgewertet. Die Ergebnisse veranschaulichen, dass Humor als etwas Aktives beschrieben wird und Nähe zwischen den Akteur*innen der Sozialen Arbeit schafft. Außerdem wurde festgestellt, dass eine humorvolle Haltung von Sozialarbeiter*innen zu einer Steigerung der Motivation und zum Abbau von vorherrschenden Hierarchien führt. Es wird aufgezeigt, dass Humor in schwierigen Lebenslagen hilfreich sein kann und somit in der Sozialen Arbeit Berücksichtigung finden soll.

POLJAK, NIKOLA BA, geb. 1991, hat 2016 das Bachelorstudium Bildungswissenschaften an der Universität Wien und 2017 das Bachelorstudium Soziale Arbeit an der Fachhochschule St. Pölten abgeschlossen. Derzeit arbeitet er als Sozialarbeiter in einem Jugendzentrum. Vorher war er unter anderem in unterschiedlichen Einrichtungen als Sozialpädagoge für die Betreuung von älteren Menschen und Menschen mit Behinderung tätig.

Nicht erwünschte Erfahrungen im sozialarbeiterischen Betreuungsprozess aus KlientInnenperspektive

Die vorliegende Forschungsarbeit beschäftigt sich mit Erfahrungen von NutzerInnen von Sozialarbeit. Konkret ist der Fokus auf nicht erwünschte Verläufe und Ereignisse im sozialarbeiterischen Betreuungsprozess, aus der Perspektive der KlientInnen, gerichtet. Anhand qualitativer Interviews konnte herausgearbeitet werden, auf welchen Ebenen nicht erwünschte Verläufe und Ereignisse aus KlientInnenperspektive stattfinden können.

PUNZ, HELENE BA, geb. 1989, Ausbildung zur diplomierten Sozialpädagogin, arbeitete mit Menschen mit geistiger und mehrfacher Behinderung sowie mit Kindern in der Nachmittagsbetreuung. Derzeit in einem Jugendzentrum tätig und Masterstudium der Sozialen Arbeit an der FH St. Pölten.

*Gespräche in der Sozialen Arbeit. Die Bedeutung von Gesprächen zwischen Nutzer*innen und Sozialarbeiter*innen*

Diese Forschungsarbeit beschäftigt sich mit dem Stellenwert von Gesprächen mit Sozialarbeiter*innen aus der Sicht der Nutzer*innen in Rückschau auf Unterstützungsprozesse. Im Fokus steht dabei die Wichtigkeit der Gespräche selbst, während der Inhalt dieser zweitrangig ist. Die Daten wurden mithilfe von leitfadengestützten Interviews nach Flick (2009) erhoben und anhand der Themenanalyse und der Feinstrukturanalyse nach Froschauer/ Lueger (2003) ausgewertet. Die Untersuchungen ergeben, dass die Nutzer*innen der Möglichkeit, sich im Bedarfsfall an jemanden zu wenden, einen hohen Stellenwert beimessen und dass Gespräche wesentlich zum Lösen von Problemen beitragen, da sie die Voraussetzung sind, um das tatsächliche Thema erkennen zu können.

RICHTER, SABRINA BA, geb. 1994, hat im Juni 2017 die Fachhochschule für Soziale Arbeit in St. Pölten abgeschlossen und daraufhin im September das Master-Studium Sozialwirtschaft und Soziale Arbeit an der FH Campus Wien begonnen. Vor der Ausbildung zur Sozialarbeiterin absolvierte sie die Bundesbildungsanstalt für Sozialpädagogik in St. Pölten. Seit April 2017 arbeitet sie beim Verein Neustart in St. Pölten als Sozialarbeiterin in den Leistungsbereichen Bewährungshilfe und elektronisch überwachter Hausarrest.

Aktive Einflussnahme in der sozialen Arbeit

Die Forschungsarbeit versucht darzustellen, wie KlientInnen Sozialer Arbeit aktive Einflussnahme seitens der SozialarbeiterInnen in der Betreuung wahrnehmen. Die Daten wurden mittels narrativen und Leitfaden- Interviews im Zuge eines Projektes eingeholt, welches zum Zielt hatte, die persönlichen Geschichten von KlientInnen mit Sozialer Arbeit zu erfassen. Anschließend wurde das Datenmaterial mithilfe der Themen- und Feinstrukturanalyse ausgewertet. Die Ergebnisse zeigen, dass aktive Einflussnahme sich in unterschiedliche Arten unterteilen lässt, individuell wahrgenommen wird und Faktoren wie Transparenz, sowie Miteinbezug in Entscheidungsprozesse die Wahrnehmung der KlientInnen beeinflussen. Zudem kann aktive Einflussnahme zu Abweichungen von den Erwartungen der KlientInnen führen.

SRAMEK, MARIE THERESE BA, geb. 1994, hat ein Freiwilliges Soziales Jahr im Bereich der Kinder- und Jugendhilfe von 2013– 2014 in Österreich absolviert und danach dort als Sozialbetreuerin gearbeitet. 2017 hat sie das Studium Soziale Arbeit an der Fachhochschule St. Pölten abgeschlossen. Innerhalb des Studiums hat sie Teilzeit als Sozialarbeiterin in Ausbildung in den Handlungsfeldern Drogenabhängigkeit, Wohnungslosigkeit und Kinder, Jugend und Familie gearbeitet.

Sozial arbeiten, will ich auch

Diese Bachelorarbeit II im Rahmen des Bachelorprojektes „30 Tage – KlientInnen erzählen von ihrer Begegnung mit Sozialer Arbeit“ von FH-Prof. Mag. Dr. Monika Vyslouzil und FH-Lektorin Eva Grigori MA BA, untersucht das Anliegen von KlientInnen Sozialer Arbeit, die den Wunsch äußern selbst Soziale Berufe ausüben zu wollen. Von 33 Interviews, die von elf Studierenden dieses Bachelorprojektes geführt wurden, wurden vier verschiedene Interviews ausgesucht, in denen KlientInnen diesen Wunsch äußerten. SozialarbeiterInnen können von dieser Bachelorarbeit II profitieren, um ihre Empathie und Aufmerksamkeitsspektrum zu erweitern. Die Erhebungsmethode dieser Bachelorarbeit II sind das narrative Interview und das teilstrukturierte Leitfadeninterview. Die Auswertungsmethode bildet die Themenanalyse in Kombination mit der Feinstrukturanalyse. Begründet wird das Anliegen der befragten KlientInnen Soziale Arbeit ausüben zu wollen, gleich wie eine Studie mit Nicht-KlientInnen, durch das Familiensystem und die lebensweltlichen Zusammenhänge, sowie die Prägung durch die eigene Biographie.

WETZEL, MELANIE BA, geb. 1995, arbeitete während des dreijährigen Studiums der Sozialen Arbeit im Bereich der Offenen Jugendarbeit. Derzeit ist sie in ihren Grundberuf zurückgekehrt und arbeitet als Hortpädagogin mit Volkschulkindern.

Die Rolle sozialer Kontakte beim Zugang zur Sozialen Arbeit

Die vorliegende Bachelorarbeit befasst sich mit der Thematik wie Klient*innen die Rolle sozialer Kontakte beim Zugang zur Sozialen Arbeit beschreiben. Dabei wurde untersucht welche konkreten sozialen Kontakte beschrieben wurden und welche Formen der Unterstützung von den Klient*innen erlebt wurden. Aufgrund einer Fokussierung liegt das Hauptaugenmerk in dieser Arbeit auf jenen Rollen, die eine unterstützende Funktion eingenommen haben. Die Ergebnisse zeigen, dass es eine Vielschichtigkeit innerhalb der Rollenbeschreibungen gibt. Im Konkreten wurden fünf verschiedene Formen der Unterstützung herausgearbeitet, wobei soziale Kontakte eine oder auch mehrere Beschreibungen in ihrem Handeln übernehmen können.

WENINGER, SARAH BA, geb. 1990, hat nach kaufmännischer Ausbildung und Berufstätigkeit im Jahr 2017 das Bachelorstudium Soziale Arbeit an der Fachhochschule St. Pölten abgeschlossen. Seit Beendigung des Studiums ist sie als Karenzvertretung im Verein Freizeit & Jugend (Jugendzentrum Cloob Ebelsberg) tätig und aktuell auf der Suche nach einer Vollzeitstelle im Bereich Kinder, Jugendliche und Familie.

PflichtklientInnen und ihre Erwartungen an die Soziale Arbeit

Die vorliegende Bachelorarbeit untersucht mittels qualitativer Forschung, welche Erwartungen PflichtklientInnen an die Soziale Arbeit haben. Das Datenmaterial wurde anhand narrativer und leitfadengestützter Interviews erhoben und anschließend mittels Themen- und Feinstrukturanalyse ausgewertet. Die Ergebnisse zeigen Erwartungen bezugnehmend auf den/die SozialarbeiterIn als Person und die Beratung/Betreuung/Begleitung allgemein. Es wurde festgestellt, dass die Erwartungshaltung an die Sozialkompetenz der SozialarbeiterInnen größer ist, als an deren Fachkompetenz. Außerdem hat sich gezeigt, dass in einer Pflichtklientschaft vor allem Selbstbestimmung, Ehrlichkeit, Transparenz und Menschlichkeit eine wichtige Rolle für Betroffene spielen.

HERAUSGEBERINNEN

GRIGORI, EVA, BA, MA, ist Dozentin für Soziale Arbeit an der FH-St. Pölten. Als studierte Germanistin und Sozialarbeitswissenschafterin war sie in der Offenen Jugendarbeit und der Wohnungslosenhilfe tätig. Derzeit engagiert sie sich als Vortragende in Seminaren zu Radikalisierung und Rechtsextremismus und bereitet eine Dissertation in diesem Themenspektrum vor. Sie ist Mitglied der Forschungsgruppe Ideologien und Politiken der Ungleichheit (fipu.at).

VYSLOUZIL, MONIKA, DSA MAG. DR., ist Dozentin für Soziale Arbeit an der FH St. Pölten. Als Sozialarbeiterin sammelte sie Praxiserfahrung in den Bereichen Straffälligenhilfe und Psychiatrie. Das Soziologiestudium öffnete ihr den Weg zur theoretischen Reflexion gesellschaftlicher Problemlagen. Seit 1985 in der Lehre steht sie für Entwicklung der Profession und der Sozialarbeitswissenschaft. Zuletzt konzentrierte sie sich auf die Themen Menschenrechte und Inklusion.

Sozialpädagogik

Peter Pantuček-Eisenbacher; Monika Vyslouzil (Hg.)
30 Tage Sozialarbeit
Berichte aus der Praxis
30 Geschichten aus dem Berufsalltag von SozialarbeiterInnen erzählen von Erfolg und Misserfolg, verzwickten Beziehungen, rechtlichen Hürden und Möglichkeiten und von den vielen Menschen, die Hilfe in Anspruch nehmen wollen oder müssen. Es entsteht das Panorama eines faszinierenden Berufs.
Bd. 27, 2015, 288 S., 29,90 €, br., ISBN 978-3-643-50680-1

Johannes Pflegerl; Monika Vyslouzil; Gertraud Pantucek (Hg.)
passgenau helfen – soziale arbeit als mitgestalterin gesellschaftlicher und sozialer prozesse
festschrift für peter pantuček
Bd. 25, 2013, 288 S., 29,90 €, br., ISBN 978-3-643-50526-2

Manuela Brandstetter; Tom Schmid; Monika Vyslouzil (Hg.)
Community Studies aus der Sozialen Arbeit
Theorien und Anwendungsbezüge aus der Forschung im kleinstädtischen/ländlichen Raum
Bd. 24, 2012, 424 S., 34,90 €, br., ISBN 978-3-643-50440-1

Soziale Arbeit – Social Issues

hrsg. von Univ.-Prof. Mag. Dr. Arno Heimgartner (Universität Graz) und FH-Prof. Dr. Maria Maiss (Fachhochschule St. Pölten GmbH)

Ilse Arlt
Paths toward a Science of Welfare and Care
Work edition Ilse Arlt, Vol. 4. Edited and provided with an afterword by Maria Maiss
Bd. 21, 2016, 144 S., 19,90 €, br., ISBN 978-3-643-90810-0

Roar Sundby; Arno Heimgartner
The Welfare Society – an Aim for Social Development
Bd. 20, 2016, 208 S., 29,90 €, br., ISBN 978-3-643-90718-9

Arno Heimgartner; Karin Lauermann; Stephan Sting
Fachliche Orientierungen und Realisierungsmöglichkeiten in der Sozialen Arbeit
Bd. 19, 2016, 382 S., 34,90 €, br., ISBN 978-3-643-50724-2

Florian Arlt; Klaus Gregorz; Arno Heimgartner
Raum und Offene Jugendarbeit
Bd. 18, 2014, 200 S., 19,90 €, br., ISBN 978-3-643-50632-0

Arno Heimgartner; Karin Lauermann; Stephan Sting (Hg.)
Perspektiven der AkteurInnen in der Sozialen Arbeit
Bd. 17, 2013, 232 S., 29,90 €, br., ISBN 978-3-643-50542-2

Martin Riesenhuber
Drogengebrauch bei Jugendlichen von „normalem“ zu „riskantem“ Konsum
Schritte einer Diagnostik auf sozialpädagogischer Ebene
Bd. 16, 2013, 360 S., 34,90 €, br., ISBN 978-3-643-50454-8

Arno Heimgartner; Ulrike Loch; Stephan Sting (Hg.)
Empirische Forschung in der Sozialen Arbeit
Methoden und methodologische Herausforderungen
Bd. 15, 2012, 328 S., 29,90 €, br., ISBN 978-3-643-50359-6